Sebastian Kisters
Hessen fragt die hessenschau
... nach besonderen Orten

Sebastian Kisters

# HESSEN FRAGT DIE hessenschau

## ... NACH BESONDEREN ORTEN

Waldemar Kramer

Bibliografische Information der Deutschen Nationalbibliothek: Die Deutsche Nationalbibliothek verzeichnet diese Publikation in der Deutschen Nationalbibliografie; detaillierte bibliografische Daten sind im Internet über http://dnb.d-nb.de abrufbar.


Gestaltung und Satz: Kerstin Göhlich, Stuttgart
Schrift: DIN
Papier: Magnosatin 135 g/qm

Bildnachweise Umschlag: Löwenburg und Wasserfall, Kassel | Fotograf: Paavo Blåfield, blofield.de
Wasserkuppe, Rhön | Fotografin: Gisela Dienersberger

Gesamtherstellung: Beltz Bad Langensalza GmbH, Bad Langensalza

ISBN: 978-3-7374-0460-0

www.verlagshaus-roemerweg.de

# INHALT

# HESSENS WINDIGSTER ORT

## DER TRAUM VOM FLIEGEN...

- Der höchste Berg Hessens gilt als Wiege der Segelfliegerei. Studenten aus Darmstadt begannen vor mehr als 100 Jahren mit ersten Flugversuchen auf der Wasserkuppe. Heute erzählt das Deutsche Segelflugmuseum am Gipfel davon.

- Gleich nebenan gehen Gleitschirmflieger in die Luft. Wer auch einmal in den Himmel über Hessen starten möchte: Schnupperkurse an Wochenenden kosten etwa 170 Euro.

Da will einer hoch hinaus. Der erste Versuch des Reporters endet aber in einem Nadelbaum. Die hessenschau ist live dabei.

Reporter sind auch nur groß gewordene Kinder. Und Kinder müssen: spielen, Abenteuer erleben – und manchmal auch in die Luft gehen. In einer Live-Sendung hat das einen besonderen Reiz.

Zunächst: Hessens windigster Ort ist zugleich Hessens höchste Erhebung. Die Wasserkuppe in der Rhön, 951 m über dem Meeresspiegel. 2014 gab es an 80 Tagen Windspitzen, die über Windstärke 8 lagen. Die stärkste Böe blies am 12. Dezember über die Wasserkuppe hinweg, 107,6 km/h stark.

Als wir im Juli die Wasserkuppe besuchen, weht der Wind mit knapp 20 km/h. Perfektes Flugwetter! Weil es im Biosphärenreservat Rhön wenig Wald, aber viele Wiesen gibt, ist es ein Paradies für Paraglider. Gleich am Gipfel gibt es eine Flugschule für Gleitschirmflieger. Ich treffe den Chef, Boris Kiauka. Es ist 13 Uhr, noch über sechs Stunden bis zur Sendung. Da sagt der Mann mit der Piloten-Brille: »Bis heute Abend könnte ich dir fliegen beibringen. Und zwar so, dass du auf einem Bierdeckel landen kannst.« Das klingt nach einem Versprechen, das den Spieltrieb zu sehr reizt, um jetzt vernünftig zu sein.

»Drei Schritte vor, zwei zurück«. Zum ersten Mal höre ich die goldene Startregel von meinem Fluglehrer Boris gegen 16 Uhr. Drei vor, zwei zurück. Weil der Wind nach drei Schritten den Schirm über einem so heftig aufbläst, dass es einen kaum auf den Beinen hält. Also: Drei Schritte – dann geht nichts mehr. Zumindest nicht nach vorne, zu stark zieht der Wind, der den Schirm erfasst, nach hinten. Jetzt nachgeben. Zwei Schritte zurückgehen. Und der Schirm steht majestätisch am Himmel. Einatmen, ausatmen. Und dann: Los! Laufen! Rennen! Gegen den Wind, der an den Hängen von Hessens höchstem Berg hinauf weht.

Es funktioniert. Es ist nicht viel schwerer als bei den Trockenübungen vorhin. Es fühlt sich gut an. In meinem Helm ist ein Funkgerät. Boris ist zufrieden. Der Aufwind trägt mich gleich beim ersten Mal weit hinauf. Zehn, vielleicht 15 Meter. Man muss kein Held sein, um sich in den Himmel über Hessen wehen zu lassen. Der bequeme, sichere Sitz wiegt einen in Sicherheit – kein Vergleich etwa zu Touren in Hochseilgärten. Boris hatte vor dieser Probe gesagt: »Ich habe noch nie einen Schüler gehabt, der einen Unfall hatte.« Nun muss ich irgendwie wieder runter. Boris funkt herauf: »Leicht am linken Seil ziehen.« In der größtmöglichen Ruhe rauscht es danach aus meinem Kopfhörer im Helm: »Das andere Links bitte!«

Die Generalprobe glückt nach diesem Hinweis. Um meine Rechts-Links-Schwäche in den Griff zu bekommen, vereinbaren wir für die Live-Sendung: Ein zweiter Fluglehrer wird nachher am Zielpunkt stehen und spiegelverkehrt alle Bewegungen anzeigen. Wie eine Marionette.

Bis halb acht am Abend nimmt der Aufwind noch einmal deutlich zu. Aber groß gewordene Kinder suchen das Abenteuer. Die Sendung beginnt, wir lösen auf: Der windigste Ort Hessens ist die Wasserkuppe. Drei Fragen hatte ich an Boris. Die erste fällt mir noch ein. Ich will in die Luft gehen.

Drei Schritte vor, zwei zurück. So war der Plan. Es werden zwei vor, fünf zurück. »Laufen!«, ruft Boris. Und: »Hände hoch! Höher!« Ich stolpere, hebe doch ab, und krache nach zehn Metern in einen Strauch mit kleinen Nadeln. So darf das hier nicht enden. Die Kameras ziehen nach. Boris auch. Wir beginnen zu überziehen. Dazu muss man wissen: Eine Sendung wie die hessenschau ist jeden Tag auf die Sekunde genau geplant. Um 19:58 Uhr und 10 Sekunden beginnt das Wetter, um Punkt 20 Uhr die Tagesschau. Da sollte auch eine Live-Schalte halbwegs pünktlich enden – das wird heute nichts. Ich befreie mich aus dem Strauch. »Hände locker!«, ruft Boris. »Locker! Das ist ein Gefühlssport, kein Kraftsport!« Und dann: Drei Schritte vor, zwei zurück. Einatmen. Ausatmen. Laufen. Abheben. Mich treibt es in Richtung stolzer Tannen. Der Mann am Ziel zieht seinen rechten Arm nach unten, der linke geht nach oben. Ich drehe ab. Dann geht's aufwärts. Es ist das letzte Bild in

Auf, aber noch nicht davon. Nach den ersten Schritten steht zunächst der Schirm am Himmel.

der hessenschau. Es sieht abenteuerlich aus. Wir haben bereits mehr als drei Minuten überzogen, ein Beitrag muss ausfallen. Der Regisseur steht vermutlich kurz vor einem Kammerflimmern. Moderator Andreas Hieke steht im Studio und muss sich kurz sammeln: »Da bin ich jetzt aber auch mal sehr gespannt, wie das ausgeht.«
Ich fliege! Mindestens zwei Kilometer weit. So fühlt es sich zumindest an. Alle anderen behaupten: Es waren vielleicht zwei, dreihundert Meter. Der Mann mit den spiegelverkehrten Gesten holt mich sicher vom Himmel. Bei der Landung hilft erneut ein dorniger Strauch. Einatmen. Ausatmen. Pures Glück spüren wie ein Kind – am windigsten Ort Hessens.

# DER GRÖSSTE NATÜRLICHE SEE

Foto: Rhön Marketing, Arnulf Müller

## SEE IN SICHT!

- »Wenn ich den See seh', brauch' ich kein Meer mehr…« So lautet ein launiger Spruch, der für Kurzurlaube wirbt. Am Guckaisee gilt er für alle, die ihre Zeit ungern bloß auf einem Badelaken verbringen. An Hessens größtem natürlichen See können Besucher baden, Boot fahren – oder Berge erklimmen.
- Das Deutsche Wanderinstitut empfiehlt die Tour »Guckaisee« als Premiumwanderweg im Mittelgebirge. Vom See geht's hinauf bis auf Hessens höchsten Berg, die Wasserkuppe. Etwa 20 Kilometer ist die Strecke lang. Rund 300 Höhenmeter trennen Gipfelglück und kühles Bergwasser.

Von Fulda sind es 23 Kilometer bis zum See, der wohl durch einen Bergsturz entstanden ist.

»Was ist Hessens größter natürlicher See?« Liebe Leser, vermutlich geht es Ihnen jetzt nicht besser als mir, als ich die Frage gehört habe. Alles, woran Sie denken, ist falsch. Edersee – war auch mein erster Gedanke. Aber: Nein. Der hat eine Staumauer, ist also kein »natürlicher« See. Und damit fallen auch die anderen üblichen Verdächtigen aus: Wie der aufgestaute Diemelsee oder der ausgebaggerte Langener Waldsee.

Also einen Blick in die alten Erdkundehefte: Vor allem im Süden Deutschlands hat die letzte Eiszeit vor etwa 15.000 Jahren große Seen erschaffen. Gletscher schoben sich übers Land und schrammten mancherorts große Furchen in die Landschaft, die später mit Wasser vollliefen. So entstanden beispielsweise der Starnberger- oder der Ammersee bei München. Genauso kam Norddeutschland an viele große und kleine Seen, als die Gletscher von Skandinavien erst heranrückten und sich später wieder zurückzogen. Allerdings: Hessen erreichten während der Eiszeiten in Europa weder Gletscher von Norden noch von Süden. Das ist der Grund, warum es eigentlich keine natürlichen Seen zwischen Fulda und Neckar gibt. Eigentlich ...

Michael Häckel vom Hessischen Landesamt für Umwelt und Geologie führt uns dennoch zu einer Lösung der Frage. Wir treffen ihn in Poppenhausen in der Rhön. Nach vier Kilometern Fahrt über kleine Straßen sind wir am Ziel. Ein Bild wie im Reisekatalog: Ein Berg vorn, einer rechts, einer links, tiefgrüner Wald, Blumenwiesen, Kühe, ein Ausflugslokal und in der Mitte: Der Guckaisee. »Hier gibt es einen Bach«, sagt Michael Häckel. »Und irgendwann muss es hier im Gebirge einen Felssturz gegeben haben. So wurde der Bach aufgestaut. Und es entstand Hessens größter natürlicher See.« Er liegt auf 690 Metern Höhe und ist etwa einen halben Hektar groß.

Schweden oder Allgäu? Nein, Biosphärenreservat Rhön!

In Poppenhausen wussten sie bis zu unserem Besuch nichts von ihrem Glück, ein echter Ort der Rekorde zu sein. Trotzdem soll alles bleiben wie zuvor, versprach Walter Bernhardt von der Gemeindeverwaltung live in der hessenschau: »Besucher können kostenfrei parken, kostenfrei die Liegewiese nutzen und schwimmen.«

Und: Hessens größter natürlicher See ist inmitten des Biosphärenreservats Rhön auch ein sehr sauberer See, sagt Michael Häckel. Allerdings nichts für mediterrane Gemüter. 17 Grad Celsius Wassertemperatur im Juli muss man mögen.

Berge und mehr: Am Guckaisee – zu Füßen von Hessens höchstem Berg.

# HESSENS SÜDLICHSTE STADT

## FILMREIFE EXKLAVE

- Manchem mögen die hübschen Fachwerkhäuser Bad Wimpfens bekannt vorkommen: Große Teile der Außenaufnahmen des Fernsehfilms über das Leben von Margarete Steiff wurden hier gedreht, der Firmengründerin der weltbekannten Spielzeugfirma. Im Sommer 2005 wurde die alte Stauferstadt zur Filmkulisse. Unter den mehr als 100 Schauspielern waren Stars wie Heike Makatsch oder Suzanne von Borsody.

- Bekannt ist die hessische Exklave aber auch für ihren Weihnachtsmarkt. Er findet jährlich an den ersten drei Adventwochenenden statt.
- Vom Blauen Turm erklingen Weihnachtschoräle der Turmbläser. Im Alten Spital gibt es eine Krippenausstellung. Und dann sind da noch 130 mit Tannenzweigen geschmückte Verkaufsstände ...

Aus Hessens tiefem Süden ragt der Blaue Turm hervor – das Wahrzeichen der Stadt.

Ein Zuschauer gab uns folgendes Rätsel auf: »Wer sich in den 60er Jahren in Hessen für die höhere Beamtenlaufbahn bewarb, musste meist die Frage beantworten, welches die südlichste Stadt Hessens sei. Wer ›Neckarsteinach‹ geantwortet hat, war durchgefallen. Ist das noch immer so?«

Die Frage interessierte uns natürlich sehr, und die Antwort konnten wir kaum glauben. Aber von Anfang an:

In der Hessischen Staatskanzlei kann man weiterhelfen, versehen mit der Bitte, nicht zitiert zu werden. Und vor einer Kamera würde sich schon gar niemand äußern. Diese Frage sollten künftige Generationen lösen. Im Moment sei da Ruhe und das Thema stünde auch nicht auf der Tagesordnung. Richtig aber sei, dass Bad Wimpfen staatsrechtlich nicht zu Baden-Württemberg, sondern zu Hessen gehöre.

Bad Wimpfen also – nie gehört. Wir fahren hin und bemerken als erstes: Am Rathauseingang grüßt der Hessenlöwe. Es gibt eine Bilderbuch-Altstadt und einen Turm, den Besucher erklimmen können. Von oben öffnet sich der Blick auf rote Ziegeldächer, sanfte Hügel und den Neckar. Luftlinie sind es etwa 60 Kilometer bis in die Landeshauptstadt: Stuttgart – oder etwa nicht?

Es geht zurück – auf den Boden der Tatsachen. Wir treffen Bürgermeister Claus Brechter zu einem Stadtrundgang. Der erzählt uns die ganze Geschichte: »Wie alle ehemaligen Reichsstädte hat auch Bad Wimpfen Anfang des 19. Jahrhunderts die Reichsunmittelbarkeit verloren. Und nach einigen Querelen zwischen Baden und Hessen kam Wimpfen zur Provinz Starkenburg und damit zu Hessen-Darmstadt. Deswegen waren wir dann ab 1806 hessisch.«

Nun kommt die erste Überraschung: Manch ein Hesse grämt sich noch heute, dass Hessen

68,6 Kilometer sind es aus der hessischen Exklave bis Stuttgart, 85,9 Kilometer bis Heppenheim.

Rheinhessen verlor, als nach dem Zweiten Weltkrieg die Bundesländer erschaffen wurden. Wimpfen aber blieb hessisch. Zwar verfügten die Besatzungsbehörden, dass Bad Wimpfen vorerst von Sinsheim zu verwalten sei. Über die genaue rechtliche Stellung der Stadt sollte später entschieden werden. Allerdings: Dazu kam es nicht mehr.

1950 gab es schließlich eine rechtlich nicht bindende Volksabstimmung. Eine Mehrheit von rund 57 Prozent entschied, zum Landkreis Heilbronn gehören zu wollen. Seit 1952 gehört Bad Wimpfen verwaltungsrechtlich also zu Baden-Württemberg. »Aber staatsrechtlich gehört Bad Wimpfen immer noch zu Hessen«, sagt Claus Brester.

Es ist die zweite Überraschung. In einem Land, dem heute nachgesagt wird, alles sei überreguliert, gibt es noch eine hessische Exklave mit nicht gänzlich geklärtem Status. Immer mal wieder beschäftigte der Fall die Landtage. In Hessen zuletzt 1996. Da gab es eine Anfrage an den damaligen Ministerpräsidenten Hans Eichel. Der bestätigte: Bad Wimpfen ist hessisch. Der Bürgermeister sagt, auf manchen Veranstaltungen werde vom Feuerwehrchor noch immer das Hessenlied gesungen. Bei den Älteren könne man noch sehen, wessen Herz hessisch schlage. Ausgerechnet die Feuerwehr stand aber auch für das letzte Stück Verwaltung aus Hessen, das Geschichte wurde. 1975 ging die Brandschadensversicherung von der Hessischen Brandversicherungskammer auf die Gebäudeversicherungsanstalt Karlsruhe über. Heute ist Bad Wimpfen voll in die baden-württembergische Verwaltungs- und Rechtsordnung integriert.

Ganz Bad Wimpfen? Nein. Es gibt die letzten Aufrechten; Bad Wimpfens Katholiken! Sie legen nach wie vor höchsten Wert auf ihren Insel-Status, denn er macht sie zu einer »Insel der Glückseeligen«, wie eine Kirchgängerin bei unserem Stadtrundgang bemerkt. Die katholische Kirche ist den verwaltungsrechtlichen Schritt nicht mitgegangen. Bad Wimpfen gehört weiter zum Bistum Mainz. Eine Zusammenlegung der Gemeinde mit denen aus umliegenden Dörfern, die zum Bistum Rottenburg-Stuttgart gehören, ist somit ausgeschlossen. »Dass eine so kleine katholische Gemeinde einen eigenen Pfarrer hat, wäre sonst wohl nicht möglich«, sagt Claus Brester. Die Protestanten waren nicht so standhaft. Sie lösten sich 1968 von Hessen Nassau und gehören seitdem zur Evangelischen Landeskirche in Württemberg.

Nun haben sich alle Seiten mit dem Zustand der staatsrechtlichen Exklave abgefunden. Der Konflikt soll ruhen, bis es vielleicht irgendwann zu einer kompletten Neugliederung der Bundesländer kommt. Die letzte Machtdemonstration, wohin Bad Wimpfen gehört, gab es 1982, als die hessischste aller Sendungen in Bad Wimpfen zu Gast war: Heinz Schenk ließ mit dem Blauen Bock die Bembel kreisen!

Übrigens: Wenn man sich mit dem Neckar von Bad Wimpfen flussaufwärts treiben lässt, kommt man kurz vor Heidelberg an einer Stadt vorbei, die man gemeinhin für Hessens südlichste hält: Neckarsteinach. Der Bürgermeister dort fühlt sich von der Landesregierung in Wiesbaden zu wenig unterstützt und kündigte Ende 2014 an, er sehe die Zukunft seiner Stadt vielleicht auf der anderen Seite des Flusses. Er denke über einen Volksentscheid nach, ob Neckarsteinach nicht Teil Baden-Württembergs werden solle …

# DER FRUCHTBARSTE BODEN

Foto: Bernd Schäfer, Oberfinanzdirektion Frankfurt

## ALLES GUTE KOMMT VON UNTEN

- In Lössböden schlagen viele Nutzpflanzen am liebsten Wurzeln. Dieser Bodentyp gilt am ertragreichsten. Doch niemand sollte jetzt meinen: Schnell mal einen Eimer Löss holen, und dann klappt's auch mit den Blumen auf dem Balkon. Denn ab 1,50 Meter wird's für viele Pflanzen erst interessant. Hier kann der Löss erst seine Vorteile ausspielen: Die enorme Fähigkeit, Wasser zu speichern und es Wurzeln leicht zu machen, an diesen Speicher zu kommen.

- Für die Finanzämter sind die hessischen Böden hervorragend erfasst. Durch die regelmäßige Anlage von Bodenprofilen – wie bei unserem Besuch in der Wetterau. Und durch mehr als zehn Millionen Einzelbohrungen.

Wer Geographie oder Agrarwissenschaften studiert, bekommt in dieser Zeit vielleicht 20 aufgegrabene Bodenprofile zu sehen. Bernhard Keil stand bis heute in etwa 2000 Löchern dieser Art.

Ich hätte nicht gedacht, für diese Serie einmal Kontakt zum Finanzamt aufnehmen zu müssen. Schon gar nicht, wenn es um die Qualität von Böden geht. Vertan! Zunächst versuchen wir es an Universitäten. Doch alle Bodenkundler dort lassen keine Zweifel aufkommen: »Wenn Sie wirklich genau wissen wollen, wo Hessens bester Boden liegt, müssen sie Bernhard Keil vom Frankfurter Finanzamt anrufen. Der kennt jeden Boden in Hessen. Jeden!«

Des Rätsels Lösung: Herr Keil ist Agrarwissenschaftler und er kennt alle Böden Hessens, weil Landwirte für ihre Felder Grundsteuer zahlen. Und die Höhe hängt davon ab, wie potentiell ertragreich die Böden sind. Also nimmt Bernhard Keil Bodenproben im ganzen Land.

Ich telefoniere mit Herrn Keil. Er lotst uns nach Nieder-Florstadt in der Wetterau. Bernhard Keil hat mit Hilfe des Landwirtes ein etwa zwei Meter tiefes Loch gegraben und hält nun eine Flasche Salzsäure in der Hand. Er wird sie gleich brauchen – für eine geschlossene Beweisführung.

Bernhard Keil kommt selbst aus der Landwirtschaft, Böden sind seine Leidenschaft. Eine vorbeikommende Bäuerin ruft uns kurz vor der Live-Schaltung vom Fahrrad zu: »Wenn Herr Keil da ist, wird sich die Tagesschau im Hessischen Rundfunk heute wohl um eine Dreiviertelstunde verschieben.«

Dann ist es 19:45 Uhr und Herr Keil legt los. Er springt in die Grube und drückt mir einige Krümel Erde in die Hand. »Ich will Ihnen zunächst einmal eine Probe aus dem Untergrund mit Lössmaterial zeigen. Wenn Sie mit der Kamera vielleicht mal heranfahren.« Dann kommt die Flasche mit der Salzsäure zum Einsatz. Zwei Spritzer und die Krümel Erde beginnen zu sprudeln. »An der Stärke des Aufbrausens erkenne ich, dass hier der Kalkgehalt zwischen 15 und

20 Prozent liegt.« Offensichtlich ein Element, das Pflanzen sehr gerne haben.
Löss besteht außerdem aus Quarz und Silikaten. Wenn man die Erde zwischen den Fingern zerreibt, fühlt sie sich an wie Samt. Das liegt an der Geschichte des Materials: Während der Eiszeiten haben Gletscher und Flüsse Steine zermalmt, bis sie auf Staubgröße geschrumpft waren. Der Wind blies die Staubfracht schließlich aus den Tälern heraus. Am Fuße der Mittelgebirge lagerte sich der sogenannte Löss schließlich ab. »Manchmal mehrere Meter mächtig, wie hier in der Wetterau«, sagt Bernhard Keil. »Lössböden findet man aber auch in anderen Gebieten Hessens. Wie an der Bergstraße, dem Limburger und Fuldaer Becken oder der nordhessischen Senke bis nach Hofgeismar hoch.«
Was diese Böden so besonders macht? Zwei Meter tief hat Bernhard Keil auf dem Acker in Nieder-Florstadt gegraben, um uns das zu zeigen. So tief reichen nämlich auch die Wurzeln des Weizens, der hier wächst. Bernhard Keil legt mit einem Messer immer mehr kleine, weiße Fäden frei. »Der Landwirt bearbeitet zwar nur den Oberboden, der hier dreißig Zentimeter mächtig ist, aber nicht nur der Oberboden wird durchwurzelt, sondern auch der Unterboden, vor allen Dingen der tiefe Unterboden. Hier spielt die Musik! Wenn Sie sich das anschauen: Wir sind hier in einer Tiefe von 1,50 Meter und wenn ich jetzt mit dem Messer an die Wand herangehe, dann sehen Sie hier überall feine Haarwurzeln, und die bedingen die hohe Ertragfähigkeit. Unsere Kulturpflanzen wie der Weizen, Zuckerrüben, Mais, auch der Raps, sind also in der Lage unsere Böden tiefgründig, bis zu zwei Meter tief, zu durchwurzeln. Der Wasserentzug geht dann sogar bis in den dritten Meter hinein.«
Bernhard Keil besprüht die Wand vor uns nun mit Wasser. Das nächste Experiment. »Wenn ich jetzt dieses Wasser auf den Boden aufsprühe, dann sehen Sie, dass der Boden dieses Wasser förmlich aufsaugt und Sie müssen sich vorstellen – das kann man sich als Faustregel merken – dass dieser Boden in zehn Zentimeter auf einen Quadratmeter bezogen, zwanzig Liter Wasser speichern kann. Das bedeutet, bis ein Meter Tiefe speichert dieser Boden 200 Liter Wasser, das für Pflanzen

»Mehr Licht!« waren Goethes letzte Worte. Bei Kameraleuten sind es mitunter die ersten.

verfügbar ist. Und das ist neben der Durchwurzelbarkeit ein wesentlicher Faktor für die Ertragfähigkeit.«

Ein Boden, der aus der Eiszeit kommt, ist Hessens bester. Aber natürlich ist der Ertrag am Ende von vielen anderen Faktoren abhängig, wie Sonnenschein und Regen. Der Besitzer des Feldes wollte auch nicht bestätigen, dass die Ernte hier besonders gut ausfällt. Ist aber ja auch klar. Schließlich war das Finanzamt dabei.

# DIE MEISTEN KINDER

Paradiesische Idylle für Kinder und ihre Eltern.

Frauen im gebärfähigen Alter, statistisch definiert von 15 bis 45 Jahren, bekommen in Hessen 1,38 Kinder – auch statistisch! Gibt es Gemeinden in Hessen, die deutlich mehr zu bieten haben? Das wollten wir vom Statistischen Landesamt wissen. Die Mitarbeiter aus Wiesbaden schicken uns nach Nordhessen ins Rothaargebirge. Hier werden wir sehen, was Familien-Forscher meinen, wenn sie erklären: Menschen müssen auf die Zukunft vertrauen können, um sich für Kinder zu entscheiden. In Lichtenfels, unserem Ziel, bekommen Frauen statistisch 2,85 Kinder. Hier hat Zuversicht ein Zuhause.

Zehn Mütter warten auf uns in einem Kindergarten. Wer von Ihnen hat mindestens drei Kinder, will ich wissen. Vier Arme gehen nach oben. Die Frage, wie das kam, fällt zwei Mal überraschend pragmatisch aus. Eine Mutter hatte zwei Söhne, wünschte sich noch eine Tochter. Wurde wieder schwanger und bekam – den dritten Sohn. Eine andere Mutter hatte zwei Töchter, wünschte sich einen Sohn. Wurde wieder schwanger und bekam – die dritte Tochter. In Lichtenfels ist noch immer Luft nach oben.

Aber zurück zur Zuversicht. Das Gefühl, einen sicheren Arbeitsplatz zu haben, ist entscheidend für die Gründung einer Familie. Ein Mitarbeiter der Bundesagentur für Arbeit erklärt, rund um Lindenfels im Kreis Waldeck-Frankenberg, habe es in den vergangenen Jahren einen kleinen Boom gegeben. Im Dezember 2014 lag die Arbeitslosenquote in Hessen bei 5,4 Prozent, im Kreis Waldeck-Frankenberg bei 4,8 Prozent. Die meisten Menschen arbeiten in mittelständischen Betrieben, wo man einander schon lange kennt und schätzt.

Nächster Punkt: Günstiger Wohnraum erleichtert die Gründung einer Familie. Und da sind die Bedingungen in Lichtenfels nahezu paradiesisch. Bürger-

Auf einem Nordausläufer des Eisenbergs liegt die Burg Lichtenfels.

meister Uwe Steuber lädt zur Stadtrundfahrt durch sein Dorf, das als Vorbild für ein Kinderbilderbuch taugen könnte. Alles hat seinen Platz. »Gucken Sie mal da«, sagt er. »Dieses Haus mit den hellen Fensterläden! Wurde neulich für 40.000 Euro verkauft. Gut, das ist natürlich nur interessant für jemanden, der Spaß und Geld für eine Renovierung hat.« Vielleicht 100.000 Euro müsse man noch reinstecken. Aber dann: altes Fachwerk, ein großer Garten mit Obstbäumen – ein Traum.

Kommen wir zum dritten Punkt: Betreuung, die Sicherheit, Job und Familie organisieren können. Ich plaudere weiter mit dem Bürgermeister und frage: »Wenn ich jetzt nach Lichtenfels ziehen würde. Können Sie mir garantieren, dass ich sofort einen Kindergartenplatz bekomme?« – »Sie bekommen den Kindergartenplatz! Auch für unter Dreijährige. Wir haben 4200

Wald, Wiesen und Kindergärten, davon gibt's reichlich in und um Lichtenfels herum.

Einwohner und fünf Kindergärten, die von 7:15 Uhr bis 17 Uhr geöffnet haben. Unser Modell ist dabei: Sie können für Tage, aber auch nur für Stunden buchen. Da haben wir gute Erfahrungen mit gemacht.« – »Das heißt: Ich kann mein Kind montags und dienstags den ganzen Tag bringen. Mittwochs und donnerstags gar nicht und freitags nur am Nachmittag?« – »Das können Sie machen. Wir brauchen nur diese Sicherheit, damit wir das Personal planen können. Ansonsten sind wir für alles offen. Und das hat auch dazu geführt, dass wir hier mehr Kinder haben als im Landesdurchschnitt.«

Man müsse eben Prioritäten setzen, sagt der Bürgermeister der Gemeinde, in der Frauen doppelt so viele Kinder bekommen wie im Landesdurchschnitt.

# DIE ÄLTESTE BRAUEREI

Foto: Heinrich Brüne

## UND PROST!

- Bundesweit kommt Hessen auf Platz vier, wenn es um die Zahl der Braustätten geht. Unangefochtener Spitzenreiter ist Bayern mit 616 Brauereien, dahinter folgt Baden-Württemberg mit 189. Nordrhein-Westfalen schafft es mit 128 auf Rang drei, gefolgt von Hessen mit 72.

- Die älteste Brauerei Hessens aus Bad Arolsen lässt mittlerweile nach altem Rezept in Holzminden brauen. Die alte Brauerei am Schloss kann aber noch besichtigt werden: Gruppen ab sechs Personen können sich jederzeit anmelden.

- Die Hessen sind übrigens keine ausgesprochenen Biertrinker. Rund 2,6 Millionen Hektoliter wurden in unserem Bundesland 2014 verkauft. Nur in Mecklenburg-Vorpommern und in Sachsen-Anhalt wurde weniger Bier getrunken.

Die Kunst des Bierbrauens ist in Mitteleuropa eng mit Klöstern verbunden. Denn in den Fastenzeiten ernährte Bier die Mönche. Es galt die Regel: »Was flüssig ist, bricht kein Fasten.« In manchen Berichten ist zu lesen, dass Mönche täglich bis zu sieben Maß Bier als lebenserhaltende Maßnahme genossen.
Die Brüder brauten aber nicht nur für den Eigenbedarf. Auch Pilger oder Wandergesellen wurden an den Pforten versorgt, bis ein Geschäft daraus wurde. Vielerorts eröffneten Klosterschenken. Beten und brauen, das gehörte fortan zusammen. Auch in Hessens ältester Brauerei – in Bad Arolsen.
Die Geschichte dazu wird im Norden Hessens so erzählt: Wir schreiben das Jahr 1131. In einem stolzen Gemäuer leben die adlige Witwe Gepa von Itter und drei ihrer Töchter. Zu jener Zeit ist es für alleinstehende Damen üblich, den Lebensabend in einem Kloster zu verbringen. Pragmatisch wandeln die vier also ihren alten Herrschaftssitz in ein Nonnen-Kloster um. Schnell finden sie Mitschwestern. Dann kommt die erste Fastenzeit. Ihr Gelübde verbietet es den Schwestern, feste Nahrung zu sich zu nehmen. So entdecken sie »das flüssige Brot«, Bier!
Heute leitet Dirk Brüne zusammen mit seinem Bruder die Brauerei in Bad Arolsen. Die beschriebene Geschichte kann er Besuchern schwarz auf weiß präsentieren. »Hier habe ich die Gründungsurkunde aus dem Staatsarchiv in Marburg«, sagt er an einem regnerischen Sommerabend zu uns. »Der Erzbischof in Paderborn hat die Gründung des Klosters damals bestätigt.«
Sollte es stimmen, dass sich Schwestern im Jahr 1131 nicht nur in einem Kloster versammelten, sondern regelmäßig auch an einem Sudfass, würde die Brauerei in Bad Arolsen zu den ältesten der Welt gehören.
Rund 400 Jahre brauten die

Im alten Brauhaus gibt's noch ein Hotel und ein Restaurant. Das Bier allerdings wird mittlerweile in Holzminden gebraut.

Nonnen, dann war das Kloster Geschichte. Die heutigen Besitzer erzählen: »1526 wurde das Kloster Aroldessen durch den Vogt des Grafen von Waldeck, dem Schutzherrn des Klosters, aufgelöst. Die Waldecker Grafen waren sicher froh, jetzt einen geeigneten Platz für ihre Sommerresidenz gefunden zu haben. Also bauten sie das Kloster neben ihrer neuen Hofbrauerei zum Schloss um.«

Doch keine 200 Jahre später war es auch damit vorbei. Die Waldecker Grafen wurden in den erblichen Fürstenstand erhoben, und von da an erschien ihnen das alte Klostergemäuer der Gepa von Itter endgültig nicht mehr standesgemäß. Das ehemalige Kloster wurde abgerissen und machte einem barocken Schloss nach Versailler Vorbild Platz. Damit es eine richtige Residenz werden konnte, wurde gleich eine Stadt dazu gegründet, die mit dem Schloss

»Späte Bestellung« heißt dieses Bild der Brauerei-Familie. Es ist aus dem Jahr 1913. Rund 800 Jahre zuvor soll das erste Bier in Bad Arolsen gebraut worden sein.

im goldenen Schnitt entworfen wurde.

»Mit der Gründung der Stadt Arolsen fingen die Fürsten an, das Braurecht ihres Hofbrauhaus zusammen mit dem Krugrecht zu verpachten«, so die heutigen Besitzer. Die Familie Brüne führt das Brauhaus und die Brauerei nun seit mehr als 100 Jahren.

Doch was 1131 begann, wurde zuletzt zunehmend schwerer. Es lohnte sich nicht mehr, vergleichsweise kleine Mengen in einer eigenen Brauerei herzustellen. Seit 2013 werden nun jährlich rund 250.000 Liter Arolser Bier nach altem Rezept in Holzminden gebraut. Aber: Getrunken wird Arolser Pils immer noch im urigen Hofbrauhaus am Schloss, gleich neben der alten Brauerei – und dem untergegangenen Nonnen-Kloster.

# DER KÄLTESTE ORT

Im Tal der berühmte – und einst berüchtigte – Sauerlandstern, das größte Hotel Willingens. Darüber die Berge des Hochlandes.

Besser hätte es für den Tankwart in Bad Wimpfen nicht laufen können. Ausgerechnet in Hessens südlichstem Ort wählte die Redaktion der hessenschau für den nächsten Tag eine Zuschauer-Frage nach dem kältesten Ort Hessens aus. Moderator Andreas Hieke mutmaßte im Studio, es ginge für uns jetzt nach »Hessisch Sibirien«, also in die Gegend rund um Schwarzenborn. Unser Live-Team dachte, es könnte auch ein Ort im Vogelsberg werden.

Wir müssen den Übertragungswagen an diesem Abend für die größtmögliche Entfernung tanken. Gegen 21 Uhr geht es von Bad Wimpfen in Richtung Willingen, Ortsteil Usseln, 311 Kilometer nach Norden.

Der Ort macht am nächsten Morgen – mitten im Juli – seinem Titel, kältester Ort des Landes zu sein, alle Ehre. Hatten wir in Bad Wimpfen noch angenehme 22 Grad Celsius, in Usseln sind es 13 Grad Celsius. Es fühlt sich an, wie knapp über dem Gefrierpunkt.

Die Live-Schalte an diesem Abend kommt von einem Hügel über der Gemeinde. Wir haben Daten vom Deutschen Wetterdienst bekommen und lösen auf: Im vieljährigen Mittel ist Usseln mit einer durchschnittlichen Jahrestemperatur von 6,2 Grad der kälteste Ort Hessens. Es folgen Grebenhain-Herchenhain im Vogelsberg mit 6,4 Grad und Neukirchen-Hauptschwenda bei Schwarzenborn mit 7,2 Grad.

Das Upland hat also das Rennen gemacht. Ein Begriff aus dem Plattdeutschen, der so viel bedeutet wie »Oberland«. Um uns herum liegen lauter »800er«: z.B. der Langenberg (843 m), der Ettelsberg (838 m) oder der Hopperkopf (832 m).

Das Feld, von dem wir live in die hessenschau schalten, liegt auf etwa 700 m über dem Meeresspiegel. In eine Mulde unter uns duckt sich Usseln mit seinen

Schiefer-Häusern. Wie wirken sich die Temperaturen hier auf den Alltag aus? Der Ortsvorsteher ist hinauf gekommen, um das zu erklären. Er ist der perfekte Gesprächsgast, denn er vereint, wovon hier viele Menschen leben: Karl Bangert ist Landwirt und Hotelier.

»Es wird hier eben später warm«, sagt er. »Dadurch verzögert sich auch der Erntezeitpunkt im Vergleich zu anderen Regionen erheblich. Unten in den Ederauen sind sie schon bei der Wintergetreide-Ernte. Wir rechnen damit, in vier Wochen anzufangen.«

Wenn drei Monate später der Winter kommt, ist die Ernte hoffentlich eingefahren. Dann leben die Menschen in der Groß-

Fans bezeichnen Willingen gern als größtes und schönstes Skigebiet nördlich der Alpen.

gemeinde Willingen von der Kälte, besser noch: vom Schnee. 22 Skilifte gibt es mittlerweile in Willingen. 85 Prozent der Bewohner sind abhängig vom Tourismus. Es läuft gut. Zuletzt hat es Jahr für Jahr über eine Millionen Übernachtungen gegeben. Allein zum jährlichen Weltcupskispringen kommen bis zu 45.000 Menschen ins »größte Skigebiet nördlich der Alpen«, wie Willingen mitunter genannt wird. Die Mühlenkopfschanze, die Besucher ganzjährig besichtigen können, ist übrigens die größte Skisprungschanze der Welt. Noch ein Rekord im kalten »Oberland«.

Die größte Sprungschanze der Welt ist das Wahrzeichen von Hessens kältestem Ort.

# DER HÖCHSTE KIRCHTURM

Foto: Katholische Stadtkirche Frankfurt

Keine 100 Meter hoch – und doch der höchste Kirchturm Hessens.

Bei dieser Frage waren wir unsicher. In Büchern über die größten Sakralbauten Europas wird schließlich mal die Wiesbadener Marktkirche, mal der Frankfurter Kaiserdom aus hessischer Sicht an der Spitze geführt. Doch August Heuser, Kunsthistoriker und Leiter des Frankfurter Dommuseums, beruhigt uns. Hier, auf dem Turm des Kaiserdoms im Ort der Dichter und Banker seien wir sicher richtig. Sein Argument klingt einleuchtend. Die Marktkirche ist protestantisch, der Kaiserdom katholisch. Und da die Katholiken dem lieben Gott immer schon ein bisschen näher sein wollten, hätten sie sicher auch den höheren Turm gebaut. Und zwar 1867 nach einer zerstörerischen Nacht im August.

In einer Wirtschaft in der Frankfurter Altstadt war ein Feuer ausgebrochen. In dieser Nacht gab es einen ungewöhnlich starken Ostwind. Fliegende Funken setzten das Dach des Domes in Brand. Die Flammen zerstörten den gesamten Dachstuhl und die obere Hälfte des Turmes.

Nur vier Wochen später begannen die Frankfurter aber mit dem Wiederaufbau. »Und dabei wird man Wert darauf gelegt haben, dass die Wiesbadener den Frankfurtern nicht die Butter vom Brot nehmen, weil sie einen höheren Kirchturm haben«, sagt August Heuser.

96 Meter ist der Turm heute hoch und überragt die Wiesbadener Marktkirche damit – nach neuesten Messungen – um rund sieben Meter. Doch beide können sich hinter anderen Sakralbauten verstecken. Das Ulmer Münster misst über 160 Meter, der Kölner Dom kommt auf 157 Meter, das Straßburger Münster auf 142 Meter, selbst der nicht außerordentlich bekannte Schweriner Dom ragt 118 Meter hoch. »Das liegt daran, dass Hessen kirchlich nicht viel zu bieten hatte«, sagt August Heuser. »Es gab lange keine Bischöfe im heutigen Hessen. Wir waren von Köln und

Der Kaiserdom spielt eine herausragende Rolle in der Stadt der Dichter und Banker.

Mainz beherrscht.« Das Bistum Fulda wurde erst 1752 gegründet, Limburg folgte 1827.
Immerhin darf sich Hessens größte und höchste Kirche Kaiserdom nennen. »Die Geschichte dieser Kirche fängt so etwa um 650 an. Da hat man angefangen zu bauen. So bis Anfang 1400. Ab 1562 fanden hier Kaiserkrönungen statt. Zehn Mal hintereinander. Das gab dem Dom dann seinen Namen«, erzählt August Heuser. Die Kaiser wurden im Dom gewählt und anschließend vom Mainzer Erzbischof gesalbt und gekrönt. »Nach der Zeremonie ging es dann über den Krönungsweg hinüber in den Römer, eines der ältesten Rathäuser des Landes. Da haben sie dann gegessen. Aber wahrscheinlich haben sie auch von hier oben die Korken knallen lassen und mit dem Gefolge gefeiert.«
Heute ein Kaiser! Wer dem Himmel über Hessen auch einmal ein Stück näher kommen will, kann den Turm des Kaiserdoms erklimmen. Es sind 375 Stufen.

# WO MAN GOLD FINDET

## ALLES IM FLUSS!

- In Hessen findet man Gold vor allem in Flüssen. Vorwiegend an einigen wenigen Stellen in Nordhessen und am Rhein.

- Seit Jahrhunderten ist Gold der Stoff, aus dem Träume sind. Es wurde für rituelle Gegenstände und Schmuck verwandt und seit dem 6. Jahrhundert auch als Zahlungsmittel.

- Gold ist knapp. Weltweit kommen auf 1000 Tonnen Gestein etwa vier Gramm Gold. Die meisten Vorkommen befinden sich in China, Australien, den USA, Russland und Südafrika. Nicht gerade glänzende Aussichten.

- Immerhin: Der WM-Pokal befindet sich ja seit Juli 2014 in Deutschland. Er wiegt rund sechs Kilogramm, über drei davon sind reines Gold. Der Pokal dürfte also einen Materialwert von über 100.000 Euro haben.

Foto: Joel Hess

Ein Fluss, ein Versprechen: Hier gibt es Gold!

Es ist einer dieser Frühsommerabende, wo das Licht um kurz vor acht Uhr abends besonders weich auf Berge, Auen und einen kleinen Fluss fällt. Wir stehen mit Gummistiefeln im Wasser, genießen die Aussicht auf dieses besonders schöne Stück Nordhessen und einen heraufziehenden Sommer; da gibt es einen weiteren Grund zum Träumen. Der Geologe Veit-Enno Hoffmann sagt: »Hier in den Flüssen und Bächen der Gegend liegen 35 Tonnen Gold.«

Nun gut, Korbach und der Eisenberg sind nicht weit entfernt. Und da hatte die Hoffnung auf Reichtum immer schon ein Zuhause. Seit dem 11. Jahrhundert versuchten Glücksritter dem Berg Gold abzutrotzen. Der Eisenberg gilt als größte Goldlagerstätte Deutschlands. Von Hand trieben Menschen 45 Schächte und 48 Stollen in den Berg. Über eine Tonne Gold gab der Berg preis. Doch schon 1617 lohnte der Abbau nicht mehr. Zu fein ist das Edelmetall hier verbreitet, um es gewinnbringend fördern zu können. Zahlreiche Versuche scheiterten. Zuletzt interessierte sich in den 90er Jahren ein Konsortium unter kanadischer Führung für den Berg. Doch es kam zu keinem neuerlichen großen Goldrausch im Norden Hessens. So blieben wohl mehrere Tonnen Gold sicher verborgen – wenn da nicht Bäche und Flüsse wären. Die nahe am Eisenberg entspringende Itter beliefert beispielsweise die Eder mit feinstem Gold.

An ihrem Ufer sind wir gelandet, um die Zuschauerfrage zu beantworten, wo man in Hessen am besten Gold finden kann. Vielleicht sogar reich werden? »Das ist schwierig«, sagt Geologe Veit-Enno Hoffmann. Aber er wird uns noch überraschen.

Am Rande des flachen Flusses hat der Geologe eine Goldwaschrinne aufgebaut. Am Ufer steht ein grobes Sieb, wie man es aus Gärten kennt, um etwa grobe von feinen Kompostresten zu trennen. Beherzt sticht Hoffmann einen Spaten in den Flussgrund und schleudert Steine und Schlamm in Richtung Sieb.

Vor vielen Millionen Jahren gab es hier einen Ozean. Wie alle großen Meere enthielt auch dieser Spuren von Gold. Es setzte sich am Boden in mächtigen Schlamm-Schichten ab. Diese trockneten irgendwann aus, das Land hob sich, der Ozean verschwand. Was einst Schlamm war, wurde Schwarzschiefer.

Oben: Zum Glück – geht's mit Karte und Schaufel.
Unten: Goldjunge: Veit-Enno Hoffmann gibt Kurse für Nachwuchs-Goldgräber an der Eder. Wenn er nicht in Nordhessen ist, berät er ein Minen-Unternehmen in Kasachstan.

Glänzende Aussichten: Der Geologe hat kürzlich ein fünf Gramm Nugget in der Eder gefunden. Aber auch kleinere Funde machen schon glücklich.

Die Erde arbeitete weiter. Heißes Wasser zog durch das entstehende Gebirge. Es löste feines Gold aus dem Gestein und führte es bis zu kleinen Rissen oder Hohlräumen mit. Da lagerte sich das angereicherte Gold schließlich ab. Ehe es Millionen Jahre später von Menschen aus dem Eisenberg abgebaut wurde oder bis heute vom Regen ausgewaschen wird und von Bächen und Flüssen getragen wieder zum Meer hin strebt. Aber davor steht heute Veit-Enno Hoffmann.

»Wir holen hier jetzt Gold raus, was aus dem Rheinischen Schiefergebirge abge-

tragen wurde. Da das Gold sehr fein ist, wird das Material vorher gesiebt und dann auf die Goldwaschrinne aufgetragen.« Der Rausch kann beginnen. Hoffmann kippt das gesiebte, feine Material auf seine Rinne mit winzigen Treppen. Es rauscht mit dem Wasser hinab. »Das Material muss über eine Menge Riffel. Die wirken wie ein Fangmechanismus. Wenn wir jetzt den Sand auf die Rinne geben, wird das leichte Material über die Riffel transportiert, das Gold aber dahinter gefangen.«
Der Grund: Gold ist 19 mal schwerer als Wasser. »Wenn wir das jetzt einige Male wiederholen, dann haben wir ein Konzentrat in der Rinne. Und das ernten wir dann mit Hilfe einer Pfanne.«
Ernten: Was sich ein wenig putzig anhört, wirkt wie eine Szene aus einem alten Goldgräberfilm. Bisher sah es nicht schwierig aus, in den Ederauen vom großen Glück zu träumen. Doch an dieser Stelle wird klar, alle Goldgräber, die wie der Reporter zur Spezies der Grobmotoriker gehören, sollten es doch wieder mit Lotto-Spielen probieren. Der Geologe sagt: »Jetzt kommt die Königsdisziplin – das Pfannenwaschen.« Die Ernte wird eingefahren. Hoffmann schüttelt, wir sind gleich gerührt. »Ich habe das Konzentrat nun in der Pfanne. Und jetzt muss ich durch schnelle Bewegungen dafür sorgen, dass das Gold auf den Boden der Pfanne sinkt.« Der wertlose Sand soll dagegen über den Rand zurück in die Eder schwappen. Es gibt sogar Weltmeisterschaften in dieser Disziplin. Veit-Enno Hoffmann sagt, der Champion sei noch viel schneller als er. Aber: Nach etwa einer Minute verbleiben in der blauen Plastikpfanne nichts als Wasser – und ganz unten glitzerndes Gold.
Gut dreieinhalb Stunden waren wir an der Eder. Reich sind wir nicht geworden, aber es würde für einen launigen Abend auf dem Campingplatz nebenan reichen. »Das ist eine gute Tagesausbeute«, sagt der Geologe. »Um die 100 Euro dürfte das Gold wert sein.«
Man würde gerne weiter machen. Weiter. Immer weiter. Selten ist es so schwer gefallen, zum nächsten Ort zu fahren, der einen Rekord verspricht.
Das Ufer wird nur kurz zur Ruhe kommen. Morgen werden die nächsten hier das glänzende Glück suchen. Veit-Enno Hoffmann gibt von Mai bis Oktober Goldgräber-Kurse an der Eder.

# DAS GÜNSTIGSTE BAULAND

Teures Pflaster Frankfurt: Wer für 10.000 Euro Bauland kaufen möchte, bekommt dafür rund um die Europäische Zentralbank keine acht Quadratmeter.

Kürzlich erschreckte eine Studie viele Menschen, die im Rhein-Main-Gebiet nach einer Wohnung oder einem Haus suchen: Die Immobilienpreise waren in Frankfurt in nur 12 Monaten um 18 Prozent gestiegen. Rekord! Das hatte keine andere Stadt in Deutschland zu bieten. Ein Wissenschaftler erklärte das mit den niedrigen Leitzinsen der Europäischen Zentralbank: »Wenn die Zinsen um ein Prozent fallen, steigen die Immobilienpreise um fünf Prozent schneller als Einkommen.« Die Wohnungssuche in Ballungsgebieten wird zum kostspieligen Abenteuer. Und das gilt längst nicht mehr nur für Frankfurt.

Wo kann man noch günstig wohnen, fragen sich viele Menschen. Oder: Wo ist Bauland in Hessen noch billig, wollte ein Zuschauer wissen.

Das Hessische Landesamt für Bodenmanagement und Geoinformation kann helfen. Eine erste Analyse von Daten und Zahlen aus allen Städten klärt zunächst, wo Land am teuersten ist. Spitze bei den Spitzenlagen ist Bad Homburg. 1443 Euro kostet der Quadratmeter am Fuße des Taunus. Auf Platz zwei folgt die Landeshauptstadt mit 1400 Euro. Dann die größte Stadt Hessens. In Frankfurt kostet begehrtes Bauland 1290 Euro je Quadratmeter.

Wer 10.000 Euro hat, um Bauland zu kaufen, bekäme dafür in Frankfurt also 7,75 Quadratmeter. Familie Kurz hat dafür 392 Quadratmeter bekommen. Wir treffen sie in Ottrau, im südlichen Schwalm-Eder-Kreis. Zum Zeitpunkt unseres Besuches ist Bauland hier am günstigsten.

»25,50 Euro haben wir für den Quadratmeter bezahlt«, sagt Irmgard Kurz. Das Land ist bereits erschlossen. »Wir wohnen hier gerne. Unsere Familie und unsere Freunde sind hier. Und das Land ist wirklich günstig.«

Nicht nur das Land. Aus der Ferne klingt Kinderlachen aus dem Freibad herüber zur Bau-

Ottrau liegt an den Ausläufern des Knüllgebirges im Schwalm-Eder-Kreis.

stelle. Die Saisonkarte kostet hier für Kinder 18 Euro, für Erwachsene 30.

Dennoch sei es schwer, Menschen für Ottrau zu begeistern, erklärt der Bürgermeister. Diese Baustelle hier sei mehr Ausnahme als Regel. »In den letzten fünf Jahren sind in unserer Gemeinde vier Wohnhäuser gebaut worden«, sagt Heinz Grein. »Leider fehlen in unserer Region die Arbeitsplätze. Dadurch ziehen immer mehr junge Familien in die Ballungsgebiete. Eben dorthin, wo sie eine Arbeit finden.«

Günther Kirchhoff vom Landesamt für Bodenmanagement und Geoinformationen kann auf einer Karte zeigen, was das für den Schwalm-Eder-Kreis heißt. »Hier kann man sehr gut sehen, wie sich Baulandpreise gestalten. Es gibt weiße Flecken, da gibt es im Moment gar kein Bauland zu erwerben. Um Ottrau herum, im Süden, sehen Sie viel gelb – das heißt: günstig. Die rötlichen oder dunkleren Bereiche sind die Mittelzentren des Kreises, wie Schwalmstadt, Homberg und Fritzlar. Der Norden ist teurer durch die

Für 10.000 Euro bekommt man in Ottrau fast 400 Quadratmeter Bauland.

Nähe zu Kassel. Und Melsungen durch den großen Arbeitgeber B. Braun.« In Zahlen ausgedrückt: In Ottrau kostet ein Quadratmeter Bauland durchschnittlich 25 Euro, in Schwalmstadt 50 Euro und in Melsungen 70 Euro. Unter dem Strich steht: Je mehr Arbeitsplätze es gibt, umso teurer wird das Bauland. Und: Umso mehr Wohnungen und Häuser entstehen. Nach letzten Zahlen wurden in Nordhessen im Jahr 2012 rund 2000 Baugenehmigungen für Wohnhäuser erteilt. Im Süden des Landes waren es rund 4500. Und das, obwohl der Süden wesentlich teurer ist als der Norden. In Frankfurt wurden 2013 Bauland, Häuser und Wohnungen im Wert von 3,8 Milliarden Euro verkauft. Der gesamte Schwalm-Eder-Kreis kam auf 126 Millionen Euro.

Zu den günstigsten Orten, um Bauland zu kaufen, gehört übrigens neben Ottrau auch Edertal im Kreis Waldeck-Frankenberg. Wahrscheinlich hat sich noch nicht rumgesprochen, dass wir genau dort erfolgreich nach Gold geschürft haben ...

# DAS TIEFSTE GEWÄSSER

Foto: Gisela Dienersberger

Alle Mann an Bord. Andreas Gründel nimmt uns mit auf den tiefsten See des Landes.

Und wieder mal dachten wir: Jetzt aber! Auf zum Edersee! Und wieder mal – lagen wir damit falsch. Wenn die Talsperre bis zum Rand voll ist, kommt der Edersee nur auf eine Tiefe von 41,7 Meter. Das reicht gerade mal für Platz Nummer drei, wenn es um die Frage geht, welches das tiefste Gewässer Hessens ist. Tiefer noch ist die Kiesgrube Weiss in Babenhausen. Und Andreas Gründel vom Hessischen Landesamt für Umwelt und Geologie will uns nun mit hinaus nehmen zu einem Termin mit größtmöglichem Tiefgang.

Es ist windig an diesem Tag. Der Wind zupft kleine weiße Fähnchen aus den Wellen. Außer uns ist niemand am See. Den Ausblick, den unsre Kameras heute einfangen, bekommen die Zuschauer der hessenschau exklusiv. Wir sind in einem Naturschutzgebiet gelandet. Die Naturschut behörde in Kassel hat glücklicherweise zugestimmt, dass wir heute von hier senden dürfen.

Unser Boot schwankt. Wir dürfen nur mit einem Elektromotor fahren, kein Tropfen Treibstoff soll das Wasser verschmutzen. Ich steuere, Andreas Gründel hantiert mit einem kleinen Echolot, das aussieht wie eine Taschenlampe. Damit will er gleich die exakte Tiefe bestimmen. Jetzt lässt er aber erst einmal ein Maßband mit einem Gewicht in die Tiefe. Der See ist so sauber wie ein Bergsee. Das Band gleitet herab, wir verfolgen das Gewicht: zwei Meter, drei, vier Meter. »Je tiefer ich gucken kann, umso weniger Biomasse ist vorhanden«, sagt Gründel. Es zeigt: Das Naturschutzgebiet erfüllt seinen Zweck. Rund ums Ufer darf nicht gedüngt werden, das bremst das Algenwachstum im See. Das Maßband zeigt nun sieben Meter. »Üblicherweise liegt die Sichttiefe bei Seen deutlich unter zwei Metern. Das hier ist eine ganz große Ausnahme in Hessen.«

Um die zweite Besonderheit dieses Sees zu erklären, lässt der Biologe nun auch noch ein Thermometer herab. An der Wasseroberfläche hat es 22 Grad angezeigt. In zehn Metern Tiefe sind es nur noch 8,4 Grad. »Das hängt damit zusammen, dass dies hier ein wirklich tiefer See ist. Nur das Oberflächenwasser erwärmt sich. Das Wasser in noch größerer Tiefe kommt nie über fünf Grad hinaus.«
Zur geschlossenen Beweisführung fehlt nur noch das Echolot. »Hier müssten wir richtig sein«, meint Gründel und lehnt sich leicht über die Bootswand hinaus. Wellen klatschen dagegen. Raue Wasser sind tief. »53,4 Meter. Wir sind wohl vom Wind ein Stück in die falsche Richtung gedrückt worden.« Eigentlich hätte er uns gerne eine Stelle präsentiert, die 55 Meter tief ist. Ins Land gegraben von gefräßigen Baggern. Wir treiben über den Borkener See; hier war einmal ein Braunkohletagebau.
Wo jetzt Wind und Wellen mit uns spielen, wurde seit 1954 braunes Gold aus der Erde gekratzt. Tief und breit gruben sich die Bagger ins Land. 70 Millionen Kubikmeter Abraum, wie es im Bergbau heißt, wurden bewegt, um neun Millionen Tonnen Braunkohle zu fördern. Bis 1975 fuhren Züge damit zum Großkraftwerk Main-Weser in Borken. Danach wurde der Tagebau geflutet. 17 Jahre dauerte es, bis Grundwasser das Loch gefüllt hatte.
Weitere Tagebauten in der Umgebung folgten. Darunter der bei Surfern beliebte Singliser See oder die Stockelache mit großem Sandstrand und Badeinsel.
Nur der Borkener See gehört heute allein der Natur. Über den tiefsten und wohl saubersten See Hessens wacht Revierförster Wolfgang Bauer. »Zum Schutz des Sees hat man sich vor zwanzig Jahren entschlossen, das Wassereinzugsgebiet um den See in das Schutzgebiet zu integrieren«, erklärt Bauer. Nun sei der Borkener See etwas ganz besonderes, das man so nur noch in Nordlappland oder im Hochgebirge fände. Das Gewässer werde durch extrem nährstoffarmes Grundwasser gespeist, das aus Bundsandstein-Schichten stamme. »Käme es aus Kalkschichten, wäre es viel nährstoffreicher und im See sähe es anders aus.« Da das Quellwasser aber so besonders sei und außerdem kein Dünger und kein Bach den See erreichen, hätten

sich seltenste Wasserpflanzen angesiedelt. Darunter Armleuchter-Algen, die auf der Roten Liste gefährdeter Pflanzen stehen und in Hessen nur hier vorkommen. Auch die Böden um den See herum würden sich diesem Milieu anpassen. »Sie werden hier kaum Löwenzahn sehen, der braucht nämlich viele Nährstoffe.« Damit sich daran nichts ändert, gibt es also diese Schutz-Zone rund um den 1250 Meter langen und 780 Meter breiten See. Die einzigen Tiere, die in den Dunstkreis des besonderen Wassers kommen, sind Zugvögel. Und Schafe, weil die selten etwas zurücklassen, das als Dünger taugt. Der Förster sagt, tagsüber würden Schafe meist nur fressen. »Zu 70 Prozent koten sie dann erst nachts ab. Im Stall.«

Wer hätte das gewusst – vor unserem Besuch an Hessens tiefstem Gewässer.

Wind und Wellen von hinten, Kamera von vorne. Noch zehn Sekunden bis zur Sendung.

# DAS GRÖSSTE KUHDORF

## EIN PLATZ FÜR TIERE

- Bernhard Keil, der Bodenexperte vom Finanzamt aus dem vierten Kapitel, erklärt, warum am Diemelsee viel Platz für Tiere ist, so: Die Böden des Rheinischen Schiefergebirges sowie die Böden der anderen hessischen Mittelgebirge seien häufig flachgründig und vernässt. Meist würden mehr als 800 bis 900 Liter Regen im Jahr auf den Quadratmeter fallen und die durchschnittliche Jahrestemperatur läge bei unter sieben Grad Celsius. Daher sei eine Nutzung als Grünland optimal.

- Wenig ertragreiche Böden könne man übrigens auch an einer anderen Nutzungsform erkennen. Bernhard Keil sagt: »Unsere Altvorderen haben diese Böden in der Regel als Wald genutzt.«

Am Ende ist es Hafer und gutes Zureden, dann kommen Kühe und das Team der hessenschau zusammen.

Unter uns glitzert ein See in der Abendsonne. Ein leichter, warmer Wind weht aus Westen. Er schiebt kleine Boote mit weißen Segeln über das Wasser. Ein Wanderweg führt hinunter. Klatschmohn und Kornblumen wiegen sich an den Rändern der Felder. Unten am Hang dösen Kühe. Hier, im äußersten Nordwesten des Landes, liegt die tierisch idyllische Lösung des Tages.
Eine Zuschauerin wollte wissen, ob es ein Dorf gibt, in dem mehr Kühe als Menschen leben. Der Hessische Bauernverband hatte Humor bewiesen und eigene Erhebungen über Rinderbestände mit Einwohnerzahlen des Statistischen Landesamtes verglichen.
Nach zwei Tagen kam die Lösung: So sind wir in der Gemeinde Diemelsee gelandet, die sich nun größtes Kuhdorf Hessens nennen darf. Hier leben 5271 Menschen und 9179 Rinder. Christian Pohlmann steht oben am Hang und schaut hinunter zu seinen Kühen. Er hält zwei Eimer voller Getreide in seinen Händen. Rhythmisch schwingt er sie auf und ab. Der Sound der hüpfenden Körner lockt die Tiere zu uns hoch. Kraft-Futter! Der Landwirt hält 440 Tiere auf und um seinen Hof herum. »Milchwirtschaft ist prädestiniert für diese Region«, sagt er. »Wir haben hier sehr steile Berge und natürliches Grünland. Da gehören einfach Rinder hin, um diese Landschaft zu pflegen und das Gras zu verwerten, um also Milch zu erzeugen.« Getreideanbau lohne sich hier auf einer Höhe von 500 Metern kaum. »Wir sind hier in einer Grenzregion. Die Höhenlage und auch die harten Winter beschränken unsere Arbeit eigentlich auf die Viehwirtschaft.«
Wenn es – im wahrsten Sinne – richtig gut läuft, gibt eine Kuh hier 100.000 Liter Milch in ihrem Leben.
Volker Becker kommt den Wanderweg hinauf, der Bürgermeister. Den neuen Titel für seine

Die Kameras sind startklar. Mit einer Herausforderung hatte das Team allerdings nicht gerechnet: Wie erklären wir den Kühen, dass wir sie genau hier brauchen?

Gemeinde findet er gut. »Damit können wir hier absolut leben. Die Landwirtschaft ist eine sichere Einnahmequelle in der Region. In den 13 Ortschaften haben wir sehr viele Höfe, aber daneben spielt auch der Tourismus eine große Rolle. Gerade im Moment. Sie können hier angeln, surfen, Boot fahren, baden – der See ist über 20 Grad warm. Wir leben, wo andere Urlaub machen.«

Kein Widerspruch. Unsere Reise zu Orten der Rekorde in Hessen geht weiter. Noch ahnen wir nicht, dass uns eine weitere Zuschauerfrage schon sehr bald wieder nach Diemelsee führen wird.

Foto: Gisela Dinnersberger

Die Tiere haben keine Ambitionen, sich für eine Live-Übertragung zu erheben.

# DER ÄLTESTE BAUM

## ALTE LIEBE!

▪ Wahrscheinlich sind es die herzförmigen Blätter, die Lindenbäume schon immer in die Nähe der Liebe rückten. Sie wurden früher oft den Liebesgöttinnen Aphrodite und Freya geweiht. Die Bäume inspirierten auch Dichter und Poeten, wie Joseph Freiherr von Eichendorff in seinem Gedicht »Vesper«. Es endet traurig schön:

»Ich wollt, ich läg begraben
Und über mir rauschte weit
Die Linde jeden Abend
Von der alten, schönen Zeit!«

Auch Lieder zeigen, welche Bedeutung Linden vielerorts fürs Dorfleben hatten. Zum Beispiel in »Kein schöner Land«: »Wo wir uns finden wohl unter Linden zur Abendzeit ...«

Bäume stehen als Symbol für Leben und Beständigkeit. Um sie ranken sich Märchen und Mythen. Ihre Geschichte und ihr Alter bewegen Menschen überall auf der Welt. Auch für die hessenschau-Serie wurde keine Frage so häufig gestellt, wie die nach dem ältesten Baum des Landes.

Fangen wir aber mit einem grenzüberschreitenden Blick an: Der älteste Baum der Welt steht wohl in den White Mountains, einer Bergkette in Kalifornien. Untersuchungen haben ergeben, dass eine Kiefer dort seit über 5000 Jahren Schneestürmen und sommerlicher Hitze trotzt. Noch älter sind manche Wurzelsysteme. Sie können zehntausende Jahre alt werden, immer wieder stoßen dann sogenannte Klonbäume an die Oberfläche.

In Deutschland gehen Experten davon aus, dass die ältesten Bäume oder deren Wurzeln 1000 bis 1300 Jahre alt sind.

Eines dieser rekordverdächtigen Exemplare steht im Kreis Hersfeld-Rotenburg. Viele Fachleute meinen gar: Hier wächst der älteste Baum der Republik – und somit auch Hessens. Es ist eine Linde. Als 1248 der Kölner Dom gebaut wurde, war sie wohl bereits fast 500 Jahre alt. Und als der 30-Jährige Krieg auf dem Kontinent tobte, blickte sie auf 850 Jahre zurück.

Als die Linde über 1200 Jahre alt ist, kommt ein Reporter der hessenschau vorbei. Es geht vorbei an sanften Ausläufern der Rhön und vielen Fachwerkhäusern. Schließlich steht er da. Der Baum streckt seine alten, knorrigen Arme von sich und spannt ein grünes Dach über den Marktplatz von Schenklengsfeld.

Wer aber näher kommt und unter das Blätterdach mit einem Durchmesser von 25 Metern schlüpft, glaubt: Hier ist nicht ein Baum gepflanzt worden, sondern vier. Karl Honikel vom Heimatverein ist da und wird dieses ungewöhnliche Phänomen erklären müssen. Honikel sagt: »Ja, Sie haben

Recht. Es sind vier Baumstämme, die sie sehen. Sie gehören aber zu einer gemeinsamen Wurzel. Die Universität Göttingen hat die Baumstämme untersucht und in einer Gen-Analyse festgestellt, die vier Stämme sind identisch.« Wer also die Geschichte des ältesten Baumes Hessens entschlüsseln will, muss zurück zu den Wurzeln! Es könnte so gewesen sein: Im Jahr 760 wird die Linde von Schenklengsfeld beim Bau einer Kapelle zu Ehren eines Schutzheiligen gepflanzt. Ein Gedenkstein in der Mitte der vier Stammteile spricht dafür. In den kommenden Jahrhunderten wird die Linde groß, und stolz. In vielen Urkunden werden Gerichte unter Linden erwähnt. Die Linde, als heilig verehrter Baum, sollte helfen, Wahrheit ans Licht zu bringen. So ist es auch in Schenklengsfeld gewesen. Wald- und Feldfrevler wurden hier verurteilt und unter der Linde an den Pranger gestellt. Manchmal nur für wenige Stunden, manchmal einen ganzen Tag lang. »Das waren vor allem hungernde Leute, die Getreide auf Feldern gestohlen hatten. Oder Holz aus herrschaftlichen Wäldern«, sagt Heimatforscher Karl Honikel.

Später stand der Baum den Bewohnern auch bei, wenn es etwas zu Feiern gab. »Die Linde

Ein Baum, ein Geheimnis: Warum besteht er aus vier Stämmen. Manche Experten meinen, in jungen Jahren sei ein Blitz eingeschlagen.

wurde zur Tanzlinde«, sagt Karl Honikel. »Im oberen Bereich hat man ein Podium gebaut für die Musikkapelle, und im unteren Bereich hat die Bevölkerung getanzt. Das aber wohl erst in der Napoleonischen Zeit um 1800, als das Leben in den Dörfern ein wenig lockerer wurde.«

Tanz und Trauer. Krieg und Frieden. Und das Jahrhunderte lang. Wie viele Sommer die Linde herunterbrennen sah, lässt sich auch nach der Gen-Analyse nicht mit letzter Sicherheit sagen. Dass dieser grüne Riese aber etwas Besonderes ist, war den Menschen früh klar. Bereits 1926 wurde der Baum als Naturdenkmal ausgewiesen.

In der bewegten Geschichte hat es zuletzt eine Konstante gegeben. Tanztreff ist die Linde bis heute geblieben. Im jährlichen Wechsel findet in Schenklengsfeld das »Lindenblütenfest« oder »Der Abend unter der Linde« statt. Und damit Hessens ältester Baum noch lange durchhält, werden seine Äste mittlerweile von 80 Balken getragen. Und regelmäßig schaut der Baumdoktor vorbei. Sicher ist sicher.

Warum sich die Linde übrigens irgendwann gevierteilt hat? Vielleicht durch einen Blitzeinschlag vor vielen hundert Jahren. Es bleibt ein Geheimnis von Hessens ältestem Baum.

Als Napoleon 1815 die Schlacht bei Waterloo verlor, feierte Hessens ältester Baum seinen 1000. Geburtstag.

# DAS BELIEBTESTE AUSFLUGSZIEL

## DER BERG RUFT!

- Der Bergpark von Kassel ist der größte seiner Art in Europa. Zu Füßen des Herkules gibt es in rund 30 Metern Höhe eine Besucherplattform. Der Blick reicht von hier oben über den barocken Park mit seinen Wasserspielen bis zur Stadt hinunter.

- Nicht zu übersehen ist vom Herkules auch das Schloss Wilhelmshöhe. Heute ist es als Museum international bekannt. Zehn der 15 teuersten Kunstwerke Hessens sind hier ausgestellt. Wertvollstes Gemälde ist ein Spätwerk von Rembrandt mit einem Schätzwert von 100 Millionen Euro.

Wie einem Traum entsprungen: die Wasserspiele im Bergpark.

Und der Gewinner ist: Kassel! Okay, die Stadt teilt sich den Titel »Hessens beliebtestes Ausflugsziel« wohl mit Rüdesheim. Aber Kassel ist derzeit touristisch auf der Überholspur. Vor allem bei deutschen Besuchern, wie eine Umfrage des Deutschen Tourismusverbandes herausfand. Als einziger Ort in Hessen schaffte es der Bergpark in die TOP 20 der Reiseziele in Deutschland.

Cornelia Ziegler von der Museumslandschaft Hessen Kassel erzählt: »Nachdem der Bergpark Welterbe der UNESCO geworden ist, hat sich die Zahl der Besucher zunächst bestimmt verdreifacht. Mittlerweile hat es sich ein bisschen beruhigt. Aber wir haben immer noch doppelt so viele Besucher wie vor der Auszeichnung.«

Der Titel ist für eine Stadt und Region viel Geld wert. Horst Wadehn, Vorsitzender des Vereins Welterbestätten rechnet vor: »Wir gehen davon aus, dass die 39 Welterbestätten in Deutschland von 60 bis 70 Millionen Menschen im Jahr besucht werden. In der Tendenz waren es zuletzt sogar noch mehr. Nach allen Erfahrungen geben Gäste vor Ort um die 30 Euro pro Tag aus. Also reden wir von rund 2 Milliarden Euro Umsatz in den Städten mit einem Welterbe. Jedes Jahr!«

Deutschland hat 2014 international mit seinen Welterbestätten geworben. Nun hoffen sie in Kassel auf noch mehr Gäste, vor allem aus den Niederlanden, England, Österreich und der Schweiz. Auf dass sie sich durch den Bergpark treiben lassen, der wirkt, als sei er einem Traum entsprungen. Wasser windet sich durch Wiesen und Wald, stürzt herab, fließt durch Grotten und nimmt Besucher mit auf eine Zeitreise durch europäische Kunst- und Kulturgeschichte. Dieser Park: ganz oben barocke Natur – unten am Berg eher ein verspielter englischer Landschaftsgarten. Einzigartig und deshalb Welterbe der UNESCO.

Die Löwenburg im Bergpark sieht aus wie eine romantische Ritterburg, sie ist aber noch keine 250 Jahre alt.

Landgraf Karl von Hessen Kassel hatte die Anlage im frühen 18. Jahrhundert entwerfen und bauen lassen. Die Spiele mit dem Wasser funktionieren heute noch wie damals: ohne Strom, ohne Pumpen – allein durch die Kraft der Wassermassen, die es talwärts zieht.

Das Spektakel beginnt hoch oben im Park beim Herkules, der Kupferstatue des griechischen Halbgottes, die auf der Spitze des imposanten steinernen Oktogons thront. In Speicherbecken auf den Höhen des Habichtswalds wird Wasser gesammelt. Durch Stollen wird es zum Herkules geleitet. Sechs bis sieben Mitarbeiter der Parkverwaltung öffnen schließlich Schieber und Absperrungen, und es heißt: Mögen die Spiele beginnen. Insgesamt stürzen etwa 350.000 Liter in die Tiefe. Das Wasser rinnt zunächst über 250 Meter lange und neun Meter breite Kaskaden, ergießt sich in einen Teich, hüpft weiter über Steine und rauscht über ein Aquädukt. Und dann das Finale: Aus dem Teich vor dem Schloss Wilhelmshöhe schießt eine Fontäne 52 Meter hoch in den Himmel, erzeugt nur durch natürlichen Wasserdruck – von am Ende acht Bar.

Vom ersten Mai bis zum dritten Oktober haben Besucher immer mittwochs, sonntags und an Feiertagen die Chance, die Wasserspiele zu verfolgen. Die Parkwege sind so konzipiert, dass man ab 14:30 Uhr eine Stunde dem Weg der Wassermassen folgen kann und am Ende Zeit bleibt, die Fontäne eine Viertelstunde lang zu bestaunen und sich in ihrer Gischt zu erholen. Von Juni bis September gibt es an jedem ersten Samstag des Monats auch beleuchtete Vorführungen bei Anbruch der Dunkelheit. Die Fontäne vor dem Schloss ist dann illuminiert. »Romantik pur«, schwärmen manche Besucher. Und außerdem immer wieder davon, dass dieses Schauspiel kostenlos zu bewundern ist.

Kassel wirbt mit seinem Bergpark weiterhin auch international um Gäste. Noch schneidet Rüdesheim bei einer Befragung unter ausländischen Touristen als Reise-Ziel Nummer eins in Hessen ab, profitiert dabei aber auch vom Boom um die Welterbestätten. Schließlich ist die Stadt das Tor zum UNESCO-Welterbe Oberes Mittelrheintal. Zwar trennen Rüdesheim und Kassel Präferenzen nationaler und internationaler Gäste. Doch beide eint eines: Sie haben nah am Wasser gebaut – und sind auch deshalb so spektakulär.

# DER GRÖSSTE ZUSAMMENHÄNGENDE WALD

Foto: Photo Burkhardt/Touristik Naturpark Münden e.V.

## DER WALD HINTER DEM KUSS

- Am 2. September 1899 wurde in Hann. Münden ein Gedenkstein geweiht. Auf ihm ist zu lesen:

»Wo Werra sich und Fulda
küssen.
Sie ihre Namen büssen
müssen,
Und hier entsteht durch
diesen Kuss
Deutsch bis zum Meer der
Weser Fluss.«

- Wer vom Ufer der entstehenden Weser den Blick nach vorne richtet, schaut auf einen dichten Wald. Er folgt dem Fluss in Richtung Norden und ist Hessens größter zusammenhängender Wald: der Reinhardswald.

Zunächst muss an dieser Stelle festgehalten werden: Hessen ist spitze! Nach der Bundeswaldinventur des Bundesministeriums für Landwirtschaft, ist Hessens Fläche zu 42,35 Prozent von Wald bedeckt. Das reicht für einen knappen Sieg vor Rheinland-Pfalz, das auf 42,30 Prozent kommt. Die weiteren Nachbarn schneiden schlechter ab. Niedersachsen kommt nur auf rund 25 Prozent, NRW auf 27 Prozent Waldfläche, Thüringen auf 34 Prozent, Bayern auf 37 und Baden-Württemberg auf 38 Prozent.

Doch damit nicht genug: Hessens größter zusammenhängender Wald hält weitere Rekorde.

Er hat von Deutschlands Wäldern den höchsten Eichenanteil. Und das hat unter anderem einen kargen Grund. Jenen nämlich, der um den Wald herum liegt. Er bot den Menschen, die dort lebten, nur magere Weiden. Also trieben die Bauern über Jahrhunderte ihr Vieh in den Wald und ließen es dort weiden. Um 1750 sollen es allein 20.000 Schafe und mehr als 5000 Schweine gewesen sein. Für sie waren hunderte Eichen gepflanzt worden. »Schließlich sind deren Eicheln besonders eiweißreich. Man sagte früher nicht umsonst: Auf Eichen wächst der beste Schinken«, sagt Klemens Kahle. Er ist Bereichsleiter im Forstamt Reinhardshagen. Womit klar wäre: Die Rede ist hier vom Reinhardswald im äußersten Norden Hessens.

Der Wald litt unter der intensiven Nutzung. Auch noch, als die Tiere aus dem Wald verschwanden. Die Menschen kehrten nun Blätter und Früchte im Wald zusammen, um die Tiere in den heimischen Ställen damit zu füttern. Der Boden war irgendwann so ausgelaugt, dass Laubbäume vergingen und anspruchslose Nadelhölzer kamen.

Das blieb nicht ohne Folgen. Der Wald hatte nun starken Stürmen nicht mehr viel entgegenzusetzen. Der Niedersachsen-

orkan im November 1972 warf etwa 100.000 Fichten um.
In den darauf folgenden Jahren pflanzten Förster verstärkt Eichen. Heute besteht der Baumbestand des Reinhardswaldes wieder zu 16 Prozent aus Eichen. »Sie werden keinen Eichenwald mehr finden, der nicht von Menschen gepflanzt wurde«, sagt Klemens Kahle. Die Eiche ist besonders empfindlich. »Nachtfalter legen zum Beispiel gerne ihre Eier in Rinde und Krone des Baumes. Die Raupen fressen später die Blätter. Oder wenn eine Eiche in ihrer Jugend zu viel Schatten bekommt, geht sie auch ein.«
Nur ein natürlicher Eichenwald fällt dem Mann vom Forstamt ein. »Am Knorreichenstieg im Nationalpark Kellerwald. Da gibt es einen Hang, der sehr stark nach Süden abfällt. Das ist einzigartig dort, ein richtiger Urwald.«
Wobei: Einen Urwald hat auch der Reinhardswald zu bieten, am Dornröschenschloss Sababurg. Es ist das älteste Naturschutzgebiet in Hessen, 1907 gegründet.
Bleibt eine dritte Besonderheit. Der Reinhardswald war der erste Wald Deutschlands, in dem die Asche Verstorbener unter Bäumen beigesetzt werden durfte. Fast 5000 Bestattungen hat es mittlerweile im ersten Friedwald der Republik gegeben. Menschen können sich dort schon zu Lebzeiten einen Baum aussuchen, an dem ihre Asche vergraben werden soll. »Es wird dann ein Vertrag aufgesetzt, der garantiert, dass dieser Baum bis zum voraussichtlichen Ende des Friedwaldes im Jahr 2100 nicht gefällt wird«, sagt Klemens Kahle vom Forstamt.
Für ihre letzte Ruhestätte können Menschen auch Eichen aus den alten Beständen auswählen. 116 Hektar ist der Friedwald groß. Insgesamt umfasst Hessens größter zusammenhängender Wald eine Fläche von 20.000 Hektar. Und liegt damit knapp vor dem Hinterlandswald.
Doch sein Alleinstellungsmerkmal ist weniger die pure Fläche als ihre Geschichte. Die mächtigen, knorrigen Eichen, das Märchenschloss Sababurg, ein daran anschließender 1517 gegründeter Tierpark: Der Reinhardswald ist wie der Grimm'schen Märchenwelt entsprungen.

Licht und Schatten – fast 5000 Bestattungen hat es im ersten Friedwald der Republik gegeben. Auch der gehört zum Reinhardswald.

# DER GRÖSSTE TRUPPENÜBUNGSPLATZ

Für viele Auslandseinsätze der Bundeswehr trainieren Soldaten in Schwarzenborn.

Es ist kalt, leichter Regen fällt, als wir im gefühlten Nirgendwo eine Straße erreichen, auf dem ein Panzer quer steht. Männer schieben große Spiegel unter Fahrzeuge vor uns. Wir werden Teil eines Manövers. Willi Dechert, der Kommandeur, erklärt: »Die Eingangskontrolle ist besonders wichtig. Oft sind Haftladungen unter den Fahrzeugen angebracht.« Tödlicher Sprengstoff, der nicht ins Lager gelangen darf. Das hier ist ein Manöver für den nächsten Auslandseinsatz. Ein Soldat greift zu seinem Funkgerät. »Alpha Marsch, Alpha Marsch. Ende!« Der Panzer rückt ab und verschwindet hinter Bäumen.
Wir stehen auf Hessens größtem Truppenübungsplatz – in Schwarzenborn im Knüllgebirge. Von Soldaten, die hier gedient haben, auch »Hessisch Sibirien genannt«. Im Jahr 2014 hat es die Region tatsächlich auf den Spitzenplatz geschafft, nirgendwo im Land war es kälter. Wo sich der Winter wohlfühlt, sollen Rotkäppchen und der böse Wolf zuhause gewesen sein, aber auch das Militär ist schon seit Ewigkeiten hier.
In der Chronik von Schwarzenborn ist nachzulesen: »Schon die Gründung der Stadt Anfang des 14. Jahrhunderts hatte militärpolitische Gründe. Die junge Stadt war die östliche Grenzfestung der Ziegenhainer Grafen gegen die Landgrafschaft Hessen und die Klöster Hersfeld und Fulda.«
Kaiserliche Truppen kamen Ende des 19. Jahrhunderts für Artillerieschießübungen auf die Knüllhochflächen. Untergebracht waren die Soldaten damals meist noch in Zelten. Die Wehrmacht baute das Lager zu einem großen Truppenübungsplatz aus. Schwarzenborn wuchs mit dem Militär. Beamte und Angestellte kamen in die Stadt und mit Ihnen die Arbeit. Wohnungen und Häuser entstanden, eine Kanalisation und neue Straßen dazu.
Nach dem Zweiten Weltkrieg

1800 Hektar groß ist der Truppenübungsplatz in Schwarzenborn.

nutzten die Amerikaner die Unterkünfte als Straflager für Nazis. Nur einmal wurde das 6,5 Kilometer lange und 3,5 Kilometer breite Gelände zivil genutzt. Ab 1948 als Lungenheilstätte für bis zu 300 Patienten. Es gab Überlegungen, weite Teile des Platzes wieder Landwirten zu übergeben. Doch kurze Zeit später interessierte sich die US-Armee für den alten Übungsplatz, ehe ihn die Bundeswehr übernahm.

Heute gibt es in Hessen 13 Bundeswehr-Standorte mit 3750 militärischen und 1300 zivilen Mitarbeitern. In Schwarzenborn sind Teile der Division Schnelle Kräfte stationiert. Sie kommt zum Einsatz, wenn deutsche Staatsbürger im Ausland befreit werden müssen. Der letzte Auftrag, der bekannt wurde, fand in Libyen statt, als Soldaten Mitarbeiter eines deutschen Unternehmens von Ölfeldern aus der Wüste holten. In den vergangenen Jahren waren Truppen aus Schwarzenborn aber auch

13 Bundeswehrstandorte gibt es noch in Hessen.

in Bosnien, im Kosovo und in Afghanistan im Einsatz. Geübt wurde für diese Einsätze auf Hessens größtem Truppenübungsplatz.
Bundesweit hat er übrigens an Bedeutung verloren. Mittlerweile trainieren in Schwarzenborn meist nur noch die 700 Soldaten der Knüll-Kaserne. Es gibt keine großen Gefechtsübungen mehr wie in den Gründerjahren des Geländes. Es ist leiser geworden in Schwarzenborn, was dem Auftrag der Soldaten entgegen kommt. Wer geheime Befreiungsaktionen übt, braucht keine Zuhörer, geschweige denn Zuschauer.
Das Manöver, das wir mit der hessenschau besuchten, war eines der letzten großen – noch ohne geheime Mission.

# DIE SAUBERSTE LUFT

## HESSENS GRÜNES WELTNATURERBE

▪ Was haben der Grand Canyon und Teile des Nationalparks Kellerwald Edersee gemeinsam? Sie sind UNESCO-Weltnaturerbe! Nach der Fossilienfundstätte Grube Messel bekam der Kellerwald vor wenigen Jahren als zweiter Ort in Hessen die begehrte Auszeichnung. Zu verdanken hat der Wald das seinen alten Buchenwäldern.

▪ Doch der Kellerwald hat Besuchern viel mehr zu bieten: Über 500 Farn- und Blütenpflanzen, fast 300 Flechtenarten, 15 Fledermausarten und über 800 verschiedene Schmetterlinge. Kein Wunder – bei der Luft ...

Tief unter dem Baumkronenweg schaukeln Schiffchen auf dem Edersee.

Es gibt einen Ort, an dem sich ein Tag anfühlt, wie früher als man noch ein Kind war: Wenn die Sommerferien gerade angefangen hatten, und ihr Ende so fern schien wie der nächste Winter. Wenn der ganze Tag ein einziges Spiel in den Wipfeln von stolzen Bäumen war. Und der Waldboden vom längst vorbei gezogenen Sommerregen dampfte. Wenn irgendwann die Luft langsam kühl und klar wurde und der Blick ins Tal fiel. Auf einen See, der sich vom Tag ausruhen musste.

So ist das auf dem bis zu 30 Meter hohen Baumkronenweg im Kellerwald, wo Baumwipfel ein Dach über den Nationalpark spannen, auf dem Besucher spazieren gehen können. Dieser Pfad, der sich in die Spitzen von Bäumen herauf windet, ist eine kühne Konstruktion. Im Wald stehen Pylonen aus Stahl. Sie tragen Knospen aus Holz, dazwischen sind breite Laufstege befestigt. Am Ende des Weges wartet ein Blick auf den Edersee, den Wald und das Waldecker Schloss. Einzigartig.

Hier also kann man die beste Luft des Landes atmen. Thomas Allinger vom Landesamt für Umwelt und Geologie ist zu uns auf den Baumkronenweg gekommen und sagt: »Ganz in der Nähe haben wir eine unserer 37 Luftmessstationen in Hessen. Und die hat kontinuierlich sehr gute Werte für die Luftqualität übermittelt.«

Wer den Lufthygienebericht des Landes liest, stellt ein klares Nord-Süd-Gefälle fest. Die besten Werte gibt es im Kellerwald, in der Nähe von Witzenhausen und auf der Wasserkuppe. Die schlechtesten im Rhein-Main-Gebiet. »In Höhenlagen und Mittelgebirgen haben wir eigentlich immer gute Werte«, sagt Thomas Allinger. In Frankfurt, Darmstadt und Wiesbaden sehe es schon anders aus. Der viele Verkehr sei schuld. »Die Industrie hat mittlerweile durch sehr aufwendige Filteranlagen nur noch einen geringen Anteil an den Emissionen. Ein großer Teil kommt aus Verbrennungsmotoren.« Abgase aus dem Auspuff. Die gibt es rund um den Edersee natürlich viel weniger als in den Ballungsräumen.

Den Kampf mit Qualm und Rauch hat der Kellerwald auch erlebt. Das aber ist eine ganze Weile her; an Autos war noch nicht zu denken. Einst waren die bewaldeten Hügel eine geschundene Region. Überall standen Meiler zur Herstellung von Holzkohle. Von den Wörtern »Köhler« oder »kahl« leitet der Kellerwald durch eine Lautverschiebung wohl seinen Namen ab. Schutz erfuhr der Wald erst Ende des 19. Jahrhunderts, als die Waldecker Fürsten ihn als Jagdrevier einzäunen ließen und Bäume kaum noch gefällt wurden.

Seit 1985 wurde dann über einen besonderen Schutz-Status für den Wald diskutiert. Die rot-grüne Landesregierung versuchte in den neunziger Jahren, einen Nationalpark zu schaffen. Die Idee scheiterte damals aber am entschlossenen Widerstand der Menschen in der Region. Viele fürchteten sich wohl vor einer Regulierungs- und Vorschriften-Lawine aus der Landeshauptstadt.

Erst 2004 war die Zeit reif für den Nationalpark Kellerwald-Edersee. Seitdem geht es für den Wald zurück in die Vergangenheit. Bäume und Pflanzen bleiben sich selbst überlassen. Kranke Bäume werden nicht mehr gefällt, Totholz nicht ausgeräumt. Es soll vielmehr zur Grundlage verwittern, auf der eine Generation Wildnis wächst. 5724 Hektar groß ist der Nationalpark heute.

2011 wurde der Kellerwald auch noch zum Weltnaturerbe der UNESCO erklärt. Das Komitee der UN-Organisation für Bildung, Wissenschaft und Kultur erklärte, der Wald repräsentiere die alten Buchenwälder Deutschlands in herausragender Weise. Und damit ein Ökosystem, das einen ganzen Kontinent geprägt habe. Jede dritte Buche im Nationalpark ist älter als 150 Jahre.

Die Kritiker der Nationalpark-Idee sind heute weitestgehend verstummt. Da, wo Hessens Luft am saubersten ist und eine Region sich mit dem gleichen Titel schmücken kann wie der Grand Canyon, das Wattenmeer oder die Galapagos-Inseln, fühlen sich auch immer mehr Touristen wohl.

Im Sommer 2014 gab es etwa 20 Prozent mehr Besucher als im

Jahr zuvor. Hans-Dieter Heun führt Gruppen durch und über den Wald. Wenn er am höchsten Punkt des Baumkronenweges 30 Meter über der Erde ankommt, ist er nicht mehr zu bremsen. »Schauen Sie sich hier um! Wunderschöne Wanderwege führen durch diese abwechslungsreiche Landschaft.« Er führt Vereine, Verbände, Familien und Schulklassen durch den Nationalpark. Und natürlich Schulklassen aus einer benachbarten Jugendherberge. »Wir bieten dort Programme für eine ganze Woche an. Die Lehrer können unvorbereitet hierher kommen. Wir organisieren Naturerlebniswanderungen, Spiele, Fließgewässeruntersuchungen oder Wanderungen in der Dämmerung.« Seine eigentliche Leidenschaft aber sind die Blumen des Waldes. »Richtig, ich biete eine Orchideen-Wanderung an. Es gibt aber auch Wildkräuterwanderungen und im Herbst dann Pilzwanderungen.« Wir blicken über das Dach der Bäume auf den See hinunter. Es ist Abend geworden. Wolken und Wasser leuchten um die Wette. Und die Blätter beginnen im leichten Wind zu wispern.

Dass man den Wald vor lauter Bäumen nicht mehr sieht, kann hier nicht passieren. Denn man schaut von oben drauf. Diesen Ausblick gibt's vom Baumkronenweg.

# DER ORT MIT DEN MEISTEN WINDRÄDERN

Viel Wind um eine denkwürdige Reportage. 140 Meter müssen wir hoch.

Es ist 19:32 Uhr. Meine Finger sind sehr weiß. Vielleicht, weil ich mich seit über einer Stunde verkrampft an einer winzigen Geländerstange festhalte. Ausgerechnet jetzt muss auch der Wind merklich auffrischen. Dieser Mast, auf dem wir sitzen, bewegt sich sanft von rechts nach links und zurück. Das Schlimmste aber ist dieses Dauerlächeln der Kamerafrau vor mir. Wir sind natürlich beide angeseilt. Was uns unterscheidet: Auf sie wirkt das beruhigend.

Seit wir hier oben in 140 Metern Höhe sind, bekommt sie dieses Lächeln nicht mehr aus dem Gesicht. Sie kommt aus dem Bayerischen. Eigentlich spricht sie nur einen Satz: »Mei, ist das schön!« Manchmal streut sie noch ein »Wahnsinn!« ein. Zumindest da sind wir uns einig.

Es ist meine eigene Schuld. Es war Größenwahn, bevor ich die Größe von Windrädern realistisch einschätzen konnte. »Wenn wir diese Frage, nach der Gemeinde mit den meisten Windrädern beantworten«, hatte ich gestern Abend gesagt, »dann nur von oben!« Dass es ein windiges Unterfangen werden könnte, war allen klar. Außer mir.

Bereits um 14 Uhr waren wir an einem der 70 Windräder in der Gemeinde verabredet. Fleißige Helfer mussten Kabel durch den Turm 140 Meter in die Höhe ziehen. Wir senden schließlich live, und die Kameras hängen an Kabeln. Ich hatte noch Zeit. Es gab noch eine Verabredung mit Jürgen Küthe, dem Beigeordneten der Gemeinde. Wie ist denn die Akzeptanz in der Bevölkerung, möchte ich von ihm wissen. »Die Windkraft wird gut angenommen«, sagt er. »Auch durch die Pachteinnahmen, die damit erzielt werden. Mittlerweile hat sich in der Bevölkerung aber auch ein gewisser Widerstand entwickelt. Die Ratsversammlung hat auf ihrer letzten Sitzung beschlossen, keine

Hoffentlich wird das kein Fall für zwei. Thomas Engelbrecht (der entspannte Mann in schwarz) beruhigt: Wir sind doch angeseilt.

neuen Vorrangflächen mehr auszuweisen.«
Dann geht es auch für mich aufwärts. Die ersten 120 Meter kann man sich in der Röhre von einem Aufzug mit frei liegenden Seilen hochziehen lassen. Danach sollten Besucher eines Windrades schwindelfrei sein. Über eine schmale Treppe geht es dann weiter. Noch bin ich entspannt. Die Höhe hier sieht und spürt man ja noch nicht.
Dann geht die oberste Luke auf. Der Ausblick: Wie aus einem Flugzeugfenster. Dahinten, das könnte schon Niedersachsen sein. Und da vorne, das ist ganz sicher schon Nordrhein-Westfalen, gleich hinter dem See. »Mei, ist das schön!«, sagt die Kamerafrau. »Wahnsinn!«
»Gut«, sage ich. »Ich würde hier stehen, mit dem Oberkörper aus der Luke. Und dann gehen wir auch schnell rein, wir wollen ja erklären, wie das Ding funktioniert!« Die Kollegin kommt mit dem Totschlagargument von Kameraleuten: »Das ist für mich kein Bild!« Ich fühle mich ertappt, meine große Klappe von gestern Abend lässt mir keine Wahl. Ich muss raus und hoffen, dass das mit dem Hochmut und dem Fall alles gar nicht so stimmt. Ich habe Angst.
»Na!«, sagt Thomas Engelbrecht,

Nur fliegen ist schöner. Da sitzt man nämlich angeschnallt in einem Sitz. Wir schauen in Richtung Sauerland.

der Betriebsleiter der Firma Lenpower, die diese Anlage gebaut hat. Er zwinkert dabei und lächelt. Die Kamerafrau ist derweil auf den Rotor geklettert, sagt »Wahnsinn!«, und macht jetzt auch noch Fotos. Sie hat ihre Kamera mit herauf geschleppt. Der Betriebsleiter hat es vielleicht an meiner Gesichtsfarbe erkannt, jedenfalls sagt er: »Sie sind angeseilt. Da kann wirklich nichts passieren. Wenn jemand ausrutscht, wird er aufgefangen. Und es gibt Spezialisten für die Rettung.«

»Wahnsinn!«, sagt die Kamerafrau und lacht. Ich sage: nichts. Vom Windrad gegenüber winkt ein anderer Kamerakollege. Er wird uns gleich in Szene setzen. Der steckt bis zum Oberkörper in der Luke. Der hat's gut. Augen auf bei der Berufswahl!

19:42 Uhr, unsere Live-Schalte beginnt. Ich höre mich sagen: »Wiedersehen macht Freude. Wir sind in einer Großgemeinde gelandet, wo wir schon einmal waren. Hessens größtes Kuhdorf hat auch die meisten Windräder. Wir sind in Diemelsee. 70 Windräder gibt es hier. Und hier sehen Sie uns auf einem sitzen. Zur Sicherheit steht es natürlich still.« Thomas Engelbrecht erzählt dann zunächst, dass er diesen Moment ausnahmslos genießen kann. Und es ist ja wahr: Satte Wälder vor uns, goldene Felder unter uns, der Himmel färbt sich langsam orange.

Aber wir wollen an diesem Abend natürlich nicht nur Ausblicke, sondern auch Einblicke liefern. Der Betriebsleiter erklärt, wie so ein Windrad funktioniert. Man müsse sich das vorstellen, wie ein Dynamo am Fahrrad. »Es gibt ein bewegliches und ein feststehendes Teil. Und wenn sich das bewegliche Teil im Magnetfeld dreht, wird Strom erzeugt.«

Ungefähr 3,3 Millionen Euro koste so ein Windrad, sagt Thomas Engelbrecht. Wie lange es dauert, bis sich diese Investition lohnt? »Schwer zu sagen. Das hängt von vielen Faktoren ab. Aber nach zehn Jahren sollten sich die Kosten amortisiert haben.« Seit elf Monaten steht diese Anlage nun im Wind. In dieser Zeit hat sie knapp 4,3 Millionen Kilowattstunden Strom erzeugt. Das heißt: Ein Durchschnittshaushalt, der vielleicht 3200 Kilowattstunden im Jahr verbraucht, könnte 1344 Jahre von dieser Energie leben.

Wir sind fast fertig. Eine Frage noch. Wie stark ist denn der Wind eigentlich im Moment? Engelbrecht zückt sein Handy. »Fünf Meter pro Sekunde. Das sind 18 km/h.« Es fühlt sich anders an. »Wir haben Gurte an«, sagt der Betriebsleiter noch einmal. »Die sind an festen Punkten an der Windenergieanlage befestigt. Es kann nichts passieren.«

»Das war's!«, sage ich. Das war unsere Live-Schalte aus 140 Metern Höhe. Von einem der 820 Windräder in Hessen. Schnell runter jetzt! Noch einmal gut gegangen. Das Schlimmste aber kommt noch.

Wir lassen die Luke hinter uns, klettern die ersten 20 Meter durch die Röhre, dann steige ich mit der Kamerafrau in den Aufzug. Wir reden nicht, sie lächelt immer noch. Minuten später sackt der Aufzug durch. Und bleibt dann stehen. Tief unter uns kann man den Boden erkennen.

Da müsste ein anderer Mitarbeiter der Anlage stehen. Wir rufen in die Röhre hinein. Ich suche mein Handy. Da schallt von unten ein »Haaalloooo!« herauf. »Der Fahrstuhl steht!«, schreie ich. »Blinkt denn eine Lampe?« – »Keine Ahnung!« – »Gucken Sie mal über sich!« – »Ach, da. Ja. Da blinkt was. Knallrot!« – »Können Sie erkennen, ob daneben was geschrieben steht?« Wie in Zeitlupe blicken wir nun noch einmal herauf. Und da steht: »Auf...fang...vorrichtung«. Der Mann ruft hoch: »Oh, da müsste es so einen Hebel geben, den müssen sie umlegen. Warten Sie, ich komme besser an der Leiter neben ihnen hochgeklettert. Kann' halt 'was dauern.« »Mei«, sagt die Kamerafrau aus Bayern, »das schaffen wir auch selbst.« – »Auf gar keinen Fall!«, sage ich und wiederhole es zur Sicherheit noch zwei Mal. Plötzlich springt sie nach oben und reißt den Hebel um. Freischwebend über dem Boden sackt der Aufzug noch einmal durch, dann ruckelt er nach unten.

»Ich will nichts hören«, sage ich am Boden zum Rest des Teams. »Und ich will auch nichts sagen. Holt mir einfach einen Schnaps! Oder besser zwei!« Und dann sage ich doch noch ein Wort: »Wahnsinn!«

Feier-Abend! Wir haben es geschafft und live vom Windrad gesendet. Nur bei einem Teilnehmer der »Expedition« will sich noch keine Entspannung einstellen.

# DER TIEFSTE BEGEHBARE ORT

Ein guter Ort für heiße Sommertage: Konstant neun Grad Celsius beträgt die Temperatur im Höhlensystem.

Zu Lande, zu Wasser und in der Luft sind wir unterwegs, um Zuschauerfragen nach besonderen Orten in Hessen zu beantworten. Auf Höhen folgen Tiefen. Geologen, die sich damit auskennen, haben uns in Richtung Westerwald geschickt. Mit einem interessanten Hinweis: Auf dem Weg zum tiefsten begehbaren Ort des Landes werden wir auch Hessens tiefste Schlucht passieren.
Als wir kurz vor dem Ziel sind, weist uns ein Schild den Weg: »Friedhof« und »Schlucht« steht darauf. Ein Bach kommt uns entgegen geplätschert, er muss sich vor tausenden Jahren etwa zehn Meter tief ins Land gefressen haben. Ein Weg führt durch die dabei entstandene Schlucht, es ist heute ein Teil des Westerwaldsteiges. Wer einen hessischen Grand Canyon erwartet, wird enttäuscht. Nicht aber, wer oben zum Herbstlabyrinth abbiegt, einer spektakulären Höhle in Breitscheid.
Ein steiler Stollen führt 80 Meter unter die Erdoberfläche. 125 Treppenstufen geht es abwärts. Und dann liegt eine fremde Welt vor uns. Formationen aus Kalk wirken wie schockgefroren: Dicke Tropfen aus Stein hängen von der Decke, andere sind zu Fäden gezogen wie Kaugummi. Rechts, das sieht aus wie ein zu Eis erstarrter Wasserfall. Weiter hinten leuchtet eine versteinerte, funkelnde Fahne. Abwechselnd sehen die Formationen aus wie Milchglas oder funkelnde Edelsteine.
Höhlenforscher Uwe Peters führt uns durch die erste Halle der Höhle. Sie hat eine Höhe von bis zu 32 Metern. »Was Sie hier entdecken können, stammt aus ganz unterschiedlichen Zeitepochen«, sagt er. »Dieser Tropfsteinschmuck hier ist vielleicht 10.000 bis 20.000 Jahre alt. Was weiter hinten etwas bräunlich wirkt, ist bis zu 200.000 Jahre alt. Und die Entstehung der ganzen Raumformation begann wohl vor etwa 25 Millionen Jahren.«

Die Grundlage entstand noch viel früher. Die Landmassen der Erde ruhen nicht, sie wandern ständig. So kommt es, dass Hessen vor etwa 380 Millionen Jahren am Äquator lag. Ein tropisches Meer rauschte über dem Gebiet der heutigen Höhle, ein Korallenriff entstand. Das ist der Ursprung des Kalksteins.
Im Laufe der Zeit verschwand das Meer, die mächtige Kalk-Formation aber blieb. Nun kommen chemische Prozesse ins Spiel: Regen, der auf die Kalkschicht plätscherte, hatte es in sich. Auf seinem Weg in Richtung des alten Atolls verband sich Regenwasser mit Kohlenstoffdioxid aus der Luft. Dabei entsteht Kohlensäure. Die sickerte durch kleinste Risse in den Stein. Die Säure vermochte schließlich tief unter der Erde Kalk aufzulösen. Aus kleinen Rissen im Gestein wurden durch starkes Sprudeln Kanäle und schließlich eine ganze Höhle.
Über der Höhle liegt ein Kalksteinwerk, dazu gehört ein Steinbruch. Dem haben die Breitscheider die Entdeckung ihrer Höhle zu verdanken. Es war im Advent 1993.
Höhlenforscher Uwe Peters erzählt: »Das war ganz spannend. Die Höhle war zuvor verborgen. Es gab keinen Zugang von außen. Erst bei Sprengarbeiten im Steinbruch im Dezember 1993 wurde ein Teil des Höhlensystems angesprengt. Das war für Höhlenforscher natürlich interessant. Sie wollten gleich das ganze System erforschen.«
Den ersten Teil nannten sie erst einmal Adventhöhle. Die Wissenschaftler mussten dann nicht weit gehen, um die nächste große Entdeckung zu machen. »Ganz in der Nähe dieses begehbaren Teils haben Forscher Knochen von Höhlenbären entdeckt. Skelettteile von mehreren Hundert, wenn nicht gar Tausenden Tieren liegen dort. Der Höhlenbär ist vor etwa 30.000 Jahren ausgestorben. Dementsprechend alt sind die Funde.«
Die weitere Erforschung verzögerte sich. Sie musste schließlich mit dem Betrieb des Steinbruchs koordiniert werden. Im Mai 1994 wurde aber eine Spalte geöffnet, die Forscher bereits im vorherigen Herbst entdeckt hatten. Es gelang der Einstieg in ein weiteres verzweigtes System aus Gängen und Hallen, das heute Herbstlabyrinth genannt wird.
2007 begann die Erschließung für Besucher. Zwei Jahre später folgte die feierliche Eröffnung eines Höhlenteils mit Zugangsstollen. Ein gesicherter Weg

über Holzstege führt heute vorbei an LED-beleuchteten Gesteinsformationen. Das gesamte Herbstlabyrinth gilt als größtes Höhlensystem Hessens mit einer Länge von über sechs Kilometern. Noch immer gibt es aber wohl unerforschte Teile.

Die letzte spektakuläre Erkundung gelang 2004. In der sogenannten Rätselhalle erwartete Forscher eine hell leuchtende Gesteinsformation, die an einen Gletscher erinnert – dazu ein azurblauer See.

Am späten Abend verlassen wir die schillernde Welt unter der Erde. Es geht aufwärts. 125 Stufen. Durch die Schlucht geht es zurück zum Auto. Bleibt zu erwähnen: Es gibt zwei weitere Orte in Hessen, die – so Geologen – den Namen Schlucht verdient haben: Die Kaskadenschlucht in der Rhön und die Lochbachklamm im Knüllwald. Beide sind eine Wandertour wert. Eine Höhle aber wartet nur am Ende der Schlucht in Breitscheid im Westerwald – Hessens tiefster Ort, an den man ohne technische Hilfsmittel gelangen kann.

Mit einem Kilometer Kabel im Gepäck wird das Team der Hessenschau an den tiefsten begehbaren Ort des Landes gelangen.

# DER KÜRZESTE FLUSS

## UND WELCHER FLUSS AM LÄNGSTEN DURCHS LAND FLIESST...

▪ Auch diesen Fluss haben wir für unsere Serie *Hessen fragt die hessenschau* bereits (be-) suchen dürfen. Gelandet sind wir an der Fulda. Sie fließt 215 Kilometer lang durch Hessen. Auf Platz zwei landet die Lahn mit 166 Kilometern.

▪ Vor allem diese beiden Flüsse laden im Land zu Radwanderungen ein. Mitunter kann man das Rad auch stehen lassen und sich einige Kilometer in Kanus mit dem Fluss treiben lassen. Die Räder werden dann zu den Landungsstellen gebracht.

▪ Der drittlängste Fluss auf hessischem Boden ist übrigens die Eder mit 129 Kilometern. Der Rhein liegt auf Platz vier. Rund 1230 Kilometer ist er insgesamt lang. 107 Kilometer davon streift er Hessen.

Der kürzeste Fluss des Landes empfängt die hessenschau mit Hochwasser.

Bei dieser Geschichte lohnt sich zunächst ein Blick auf den kürzesten Fluss Deutschlands. Er entspringt im Nachbarbundesland Nordrhein-Westfalen und verdankt seine Existenz mächtigen Kalkschichten. Fugen und Risse führen Wasser unterirdisch zusammen, bis es mächtig an die Oberfläche sprudelt. Es entstehen sogenannte Karstquellen. Die kurze Existenz der Pader beginnt so, Namensgeber für die Stadt Paderborn. Rund 5000 Liter Wasser pro Sekunde quellen aus dem Boden. Nach nur vier Kilometern ist die Pader allerdings bereits Geschichte, sie fließt in die Lippe.

Auch am Herbstlabyrinth gibt es eine Karstquelle. Der Erdbach, der einst die Gasseschlucht geschaffen haben muss, versank irgendwann im Untergrund. Nach eineinhalb Kilometern taucht er als Karstquelle wieder auf. Allerdings längst nicht so mächtig wie die Pader, das Einzugsgebiet ist viel zu klein. Der Titel »Kleinster Fluss Hessens« wird rund 70 Kilometer weiter östlich vergeben.

Wir erreichen ihn an einem Sommerabend, dem einige Sommergewitter vorausgegangen sind. Normalerweise hat dieser Fluss einen Pegel von etwa 30 Zentimetern, jetzt liegt er fast überall einen Meter darüber. Flussaufwärts, in Kirchhain, erzählt man uns, dieser kleine Fluss habe vor Jahrzehnten häufig für schlimme Überschwemmungen gesorgt. Bis man ihn ums Dorf herum gelegt habe, auf dass er die Höfe nach Gewittern oder Tauwetter mit seinen Wassermassen verschone.

Die Feuerwehr ist zur Mündung herausgekommen, um uns zu sichern. – Wer von einem Windrad sendet, möchte natürlich auch in das Bett eines Flusses steigen und nicht am Rand stehen. Wir haben lange Anglerhosen an, wovor die Experten warnen. »Wenn da Wasser rein schwappt und sie in einem Fluss stehen, kommen Sie da vielleicht nicht mehr wieder

Besondere Seilschaft: Nachdem der erste schwere Ast auf das Team im Fluss zugetrieben war, wussten wir die Hilfe der Feuerwehr noch mehr zu schätzen.

raus.« Und die Männer meinen nicht nur die Hosen. Wir hängen also wieder mal an Gurten und Seilen. Und nach dem ersten falschen Schritt im Fluss, macht sich Dankbarkeit breit.
In Ruhe lässt sich also zunächst die alles entscheidende Frage klären: Wann ist ein Fluss ein Fluss? Entscheidend ist sein Einzugsgebiet: Also von wie vielen Quellen und Bächen wird er gespeist? Ein Strom kommt per Definition auf ein Einzugsgebiet von über 10.000 Quadratkilometer, das gilt etwa für den Rhein. Es folgt der Fluss, er muss auf ein Einzugsgebiet von mindestens 1000 Quadratkilometer kommen, das gilt etwa für die Lahn. Es folgen die kleinen Flüsse, die noch auf ein Einzugsgebiet von 100 Quadratkilometer kommen müssen.
Auf den Fluss, an dem wir gelandet sind, trifft das zu. Er entspringt im nördlichen Vogelsberg und mündet nach 23 Kilometern in die Ohm. Sein Name ist Programm: Der kleinste Fluss Hessens heißt Klein.
Dirk Bastian vom Landesamt für Umwelt und Geologie hat das für uns herausgefunden. Er hockt mit einem Laptop und einer Karte am Ufer der Klein. »Wir haben in unserem Computerprogramm erst einmal alle wichtigen Gewässer von Hessen herausgesucht. Das sind 600«, sagt er und zeigt auf eine von

Dirk Bastian vom Hessischen Landesamt für Umwelt und Geologie hat 600 Flüsse vermessen und uns dann zum kürzesten geführt.

blauen Strichen durchzogene Hessenkarte. »Dann haben wir geguckt, was sind davon laut Definition kleine Flüsse, da hatten wir noch 32. Und dann haben wir alle aussortiert, die nicht komplett in Hessen liegen, da waren's noch 18. Und wenn man die der Länge nach sortiert, landet man bei der Klein.« Knapp hinter der Klein liegt der Solmsbach mit einer Länge von rund 25 Kilometern, der im Naturpark Taunus entspringt. Er ist ein Fluss, obwohl er Bach heißt. Auf Platz drei folgt die Wetschaft, die 29 Kilometer durch die Kreise Waldeck-Frankenberg und Marburg-Biedenkopf fließt, ehe sie in die Lahn mündet.

Wir steigen aus dem braunen Wasser heraus, ganze Äste treiben flussabwärts. Es war schon gut, dass die Feuerwehr uns gesichert hat. So ein Fluss berge aber noch eine andere, unsichtbare Gefahr, sagt Dirk Bastian vom Landesamt für Umwelt noch. »Man sollte generell in solchen Gewässern nicht baden. Aber bei diesem Hochwasser gilt das noch viel mehr.« Nach heftigen Gewitterschauern – wie in den vergangenen Tagen – könnten die Kläranlagen nicht alles fassen. »Dann ist die Keimbelastung höher als normal.«

Ein kleiner Schluck aus der Klein kann dann große Wirkung haben.

# DIE HAUPTSTADT DER SINGLES

▪ Hessen ist ein Single-Land. In gut 36 Prozent der 2,75 Millionen hessischen Haushalte lebt nur ein Mann oder eine Frau. Es ist die häufigste Lebensform in unserem Land. Fast eine Millionen Menschen leben allein. In 220.000 Haushalten lebt ein alleinerziehender Elternteil mit Kindern. Paare mit Kindern machen nur 26 Prozent der Haushalte aus.

Rund 80.000 Einwohner hat die Stadt mit den meisten Single-Haushalten des Landes.

Zu manchen Bewegungsabläufen gibt es Merk-Sprüche. Sie machen Bewegungen nicht schön, aber halbwegs sicher. Beim Tanzen, wie in diesem Moment, habe ich Arno, meinen Tanzlehrer, im Ohr: »Vor, vor, Chassee-Schritt. Rück, Chassee-Grundschritt.« Gerade höre ich Arno wieder sehr deutlich. Übertönt wird er von der atemlosen Helene Fischer. Ich bin froh, dass Ute mich hält. Sie führt uns übers Parkett und erzählt, wie sie hierhergekommen ist – in diesen Tanzkurs für Singles.

Ute war lange verheiratet. Als ihr Sohn erwachsen war, da war es mit der Liebe vorbei. Sie hätte sich verkriechen können. Aber Ute lässt das Leben nicht einfach so an sich vorbeiziehen. Sie greift zu, wenn sich etwas ändern soll. In diesem Fall: zum Telefonhörer. »Klar, es war eine kleine Überwindung in der Tanzschule anzurufen und nach einem Single-Tanzkurs zu fragen. Aber die sind so nett hier und kümmern sich dann um alles Weitere. Da war's dann einfach.« Nun guckt sie mal, was hier so geht und sich dreht. Den Traummann kann Ute ziemlich präzise beschreiben: »Es wäre schon schön, wenn er tanzen könnte oder es lernen würde. Er sollte unternehmenslustig sein, offen und tolerant ...«

Vor, vor, Chassee-Schritt. Elly tanzt neben uns. Sie kommt einmal in der Woche aus dem Vogelsberg hierher. Sie ist knapp 60 Jahre jung und pragmatisch. »Ich suche niemanden besonderen. Wo bekommt man schon einen Typen gebacken. Beweglich soll er sein und keine Plattfüße haben.«

Vielleicht finden Elly und Ute das Glück ja in Gießen, wo wir heute tanzen. Das Statistische Landesamt hat uns hergeführt. Bei der Recherche haben wir einen Umweg genommen. Denn natürlich ist niemand verpflichtet, Behörden mitzuteilen, wie sein Beziehungsstatuts ist. Aber es gibt Daten darüber, wie Menschen wohnen. Und die meisten

Single-Haushalte Hessens bezogen auf die Zahl der Einwohner gibt es in Gießen. Wer jetzt denkt: Klar, ist ja auch eine große Universitätsstadt mit vielen jungen Menschen, liegt falsch. Wie unser heutiger Tanzkurs für Singles beweist, aber auch die Soziologin Uta Meier-Gräwe am Rande des Parketts bestätigt. »Wir haben durch die Universität und die technische Hochschule Mittelhessen natürlich zwei Ausbildungseinrichtungen mit vielen Jugendlichen. Aber wenn man sich die Strukturen dieser Stadt genau ansieht, wird man feststellen, es gibt sehr viele ältere Menschen, die alleine leben.«

Wer das Wort »Single« höre, müsse aufhören, lediglich an Auszubildende, Studentinnen oder Studenten zu denken. Sondern auch an verwitwete Menschen oder Paare, die nicht halten konnten, was sie sich einmal versprochen hatten. Vor vielen Jahren prophezeiten Soziologen eine Pluralisierung der Lebensformen. Heute kann man das Ergebnis besichtigen.

Die Professorin sagt: »Dieser Trend verstärkt sich sogar. Wir haben eine wachsende Zahl von nichtehelichen Lebensgemeinschaften und Alleinerziehenden.«

Dabei ist die Lebensform in der Paarbeziehung diejenige, die sich die meisten Menschen wünschen – oder einmal gewünscht haben. »Die Lebensentwürfe sind so, dass sich viele Menschen – vor allem Frauen – vorstellen, eine Familie zu haben. Sie wollen versuchen, Kinder und Job hinzubekommen.« Lange galt das auch uneingeschränkt für Männer. Aber: »Eine Veränderung gibt es in den Einstellungen gut ausgebildeter Männer. Viele wünschen sich eine romantische Beziehung, viel Zeit für die persönliche Karriere und Freizeit, aber nicht unbedingt Kinder. Verglichen mit der Situation vor zwanzig Jahren ist das eine Veränderung.«

So scheitern Partnerschaften manchmal schon, bevor sie richtig begonnen haben. Zu unterschiedlich sind die Vorstellungen einer gemeinsamen Zukunft. Andere Partnerschaften zerbrechen, wenn die Kinder aus dem Haus sind und alles, was bleibt, zu wenig für weitere gemeinsame Jahre ist.

Rund um Singles hat sich eine ganze Branche gebildet. Es gibt spezielle Urlaubsangebote. Und Online-Single-Börsen. Im Jahr 2003 waren 3,5 Millionen Menschen aus Deutschland dort angemeldet, zehn Jahre später bereits 8,1 Millionen. Als überzeugte Singles sehen sich nur

zehn Prozent der allein Lebenden.
Für Hessen heißt das: Mehr als eine halbe Millionen Menschen sind derzeit alleinstehend und wünschen sich eine Frau oder einen Mann an ihrer Seite. Manche beginnen ihre Suche da, wo es mit 15 oder 16 Jahren doch auch geklappt hat – in der Tanzschule. Es werden immer mehr, sagt Michael Schardt, der Inhaber der Tanzschule Astaire's in Gießen. »Wir schauen dann natürlich, dass es vom Alter passt. Und natürlich von der Größe der Tanzpartner. Den Rest müssen die Paare dann selbst schaffen. Was beim Tanzen natürlich sehr leicht ist, weil man ja automatisch in Kontakt und auch ins Gespräch kommt.« Manchmal muss nur zum holzschnittartigen »Vor, vor, Chassee-Schritt …« noch ein bisschen was hinzukommen. Ute würde glänzend tanzen, würde sie während unserer Sendung nicht freundlicherweise Rücksicht auf meine überschaubaren Bewegungsmöglichkeiten nehmen. Sie hat ganz sicher das Potenzial eines Paares, das neben uns auftaucht. Die beiden glänzen durch gekonnte Promenade-Schritte. Sie sind eigentlich nur hier, um Fotos aus der vergangenen Woche zu zeigen. Da haben sie geheiratet. Kennen gelernt hat sich das Paar hier in der Tanzschule. In einem Kurs für Singles. Es war einer für Fortgeschrittene.

Foto: Gießen Marketing – www.giessen-entdecken.de

Wer beim Begriff »Single« nur an jüngere Menschen denkt, macht einen Fehler.

# DER EXAKTE MITTELPUNKT DES LANDES

Foto: Gießener Allgemeine

### IM MITTELPUNKT WOLLEN VIELE STEHEN

- Der Mittelpunkt der Europäischen Union – er lag einmal im hessischen Gelnhausen. Das war nach der EU-Osterweiterung 2007. Doch seit dem EU-Beitritt Kroatiens 2013 liegt der Mittelpunkt im Landkreis Aschaffenburg.

- Dagegen: Mittelpunkt des europäischen Kontinents zu sein, beansprucht eine Stadt nördlich von Vilnius in Litauen für sich. Doch es gibt weitere Städte in anderen Ländern, die ebenfalls überzeugt sind, im Mittelpunkt des Kontinents zu stehen. Die exakte Lösung – schwer, da die östliche Grenze Europas nicht exakt definiert ist.

- Ein ähnliches Problem hat Hessen, nachzulesen im Kapitel über die südlichste Stadt des Landes ...

Aus 35.006 Landesgrenzpunkten wurde die exakte Mitte Hessens berechnet. Auf den Quadratzentimeter genau sind wir in einem Kartoffelacker im Vogelsbergkreis gelandet.

Die Reise zum Mittelpunkt Hessens brachte eine ungeahnte Spannung. Natürlich war die exakte Mitte des Landes schon einmal bestimmt worden. Aber das war 1983, und neueste Messmethoden gaben jetzt kurz vor Schluss einen anderen Ort und einen anderen Landkreis als Lösung an. Die Menschen im bisherigen Mittelpunktsort Mücke im Vogelsberg mussten sich fühlen wie die FDP bei der letzten Landtagswahl: drinnen oder draußen. Die Entscheidung fiel denkbar knapp aus und endete in diesem Fall in einem Kartoffelacker.

Die Mitte zu bestimmen – das kann doch nicht so schwer sein, denkt man zunächst. Es müsste doch reichen, die nördlichste Stadt des Landes, Bad Karlshafen, mit der südlichsten, Neckarsteinach (genau genommen natürlich Bad Wimpfen), zu verbinden. Dann die westlichste, Lorch am Rhein, mit der östlichsten, Wanfried – und fertig. Das Hessische Landesamt für Bodenmanagement arbeitete für unsere Frage wesentlich präziser. Die Fachleute zogen nicht vier, sondern 35.006 einzelne Punkte zur Berechnung heran.

Drei Wochen dauerte die genaue Auswertung. Wir hatten mit dieser Frage eine Staffel der Serie Hessen fragt die hessenschau begonnen, spontan wäre sie unlösbar gewesen. Zur Halbzeit kam ein besorgter Anruf. Es sähe gerade so aus, als würde sich der neu berechnete Mittelpunkt in der Gemeinde Grünberg befinden, also im Landkreis Gießen. Und damit würde man Mücke im Vogelsbergkreis nun eine echte Attraktion nehmen. Das sei jetzt schon sehr unangenehm.

Die Großgemeinde mit ihren rund 9000 Einwohnern schmückt sich schließlich am Ortsrand mit einem Mittelpunktstein. Die Frage war nun: Wie lange noch? Die letzten Rechenschritte standen aber noch aus. Und so lag eine gespannte Ruhe in der Luft, als wir uns an einem Abend mit den Experten auf einem Feld in Mücke trafen. Zu diesem Zeitpunkt war bereits endgültig klar, der neue Mittelpunkt würde mindestens einen Kilometer von jenem Punkt entfernt liegen, den man bislang dafür gehalten hatte. Der stolze Stein war dort nun definitiv nicht mehr auf Höhen- und Breitengrad der Zeit.

Hanfried Böttner vom Landesamt für Bodenmanagment erklärt uns, wie seine Behörde vorgegangen ist. »Wir haben 35.006 Landesgrenzpunkte ermittelt. Und aus den Koordinaten über ein Rechenprogramm den Mittelpunkt ermittelt.« Man könne sich das vorstellen wie den Schwerpunkt einer Fläche zu berechnen. Um zu demonstrieren, was er meint, holt Böttner eine ausgesägte Fläche des Landes Hessens aus seinem Wagen. Dort, wo man das Modell auf eine Nadelspitze legen kann, ohne dass es herunterfällt, ist der exakte Mittelpunkt. Das Modell liegt dann in der Wage. Bei der letzten Berechnung 1983 habe man viel weniger Bezugspunkte gehabt, deshalb käme es jetzt zu der großen Abweichung.

Die genauen Koordinaten des neu errechneten Mittelpunktes geben die Fachleute dann in ein GPS-Gerät ein. Ein Mann mit Rucksack, Antenne und einem Monitor in der Hand bewegt sich nun über einen Acker zwischen Mücke und Grünberg auf der Stockhäuser Höhe. »Ich muss noch einen Meter nach vorne und 41 Zentimeter nach rechts«, sagt er. Dann rammt er eine Stahl-Stange in die Erde. Und der Gewinner ist: Mücke! 30 Meter von uns entfernt wuchert eine Hecke. Dort beginnt Grünberg und der Landkreis Gießen. Bürgermeister und Ortsvorsteher der alten und neuen Mittelpunkts-Gemeinde atmen durch und auf.

Der Landwirt, dem der Kartoffelacker gehört, interessiert sich derweil fürs Wesentliche seiner Zunft. Unser Team hat einige Kartoffeln auf seinem Mittelpunktacker frei getrampelt. Er baut hier festkochende Frühkartoffeln der Sorte Lady Christl an. In zwei Wochen soll geerntet werden. Das Frühjahr war nasskalt, der Sommer bislang heiß und trocken. Die Kartoffeln sehen besser aus als erwartet, findet der Mann.

Wo dicke Kartoffeln wachsen, ist übrigens kein Platz für wuchtige Steine. Der Mittelpunktstein bleibt unten am Ortsrand. Hier finden sie, wichtig sei ja vor allem: Mücke ist Mitte. Egal wo.

# DIE ÄLTESTE JUGENDHERBERGE

Foto: Berthold Langenhorst

## ICH GLAUB', ICH STEH' IM WALD

- Alles grün rund um diese Herberge, denn die Jugendburg liegt am Nationalpark Kellerwald-Edersee. Es gibt Wildnisexpeditionen, Fledermausabende und Geschichten und Vorträge über die Rückkehr des Wolfes nach Hessen.
- 90 Prozent der Gäste kommen mit Schulklassen. Die Übernachtung mit Vollpension gibt es für weniger als 30 Euro pro Person.
- In trockenen Sommern gibt es auch Ausflüge nach »Atlantis«: Wenn im Edersee der Wasserstand sinkt, tauchen die Grundmauern einer versunkenen Stadt wieder auf.

Das Tor zurück zur Jugend (-herberge). Einmal tief einatmen und die alten Bilder von der Klassenfahrt sind wieder da.

1342 wurde diese Burg vom Landgrafen Heinrich von Hessen auf einem Bergsporn erbaut. Seit 1921 dient sie als Herberge für die Jugend.

Die Geschichte der Jugendherbergen beginnt nicht weit von der hessischen Landesgrenze entfernt. Es ist der 26. August 1909. Richard Schirrmann, ein Lehrer aus dem sauerländischen Altena, wandert mit Schülern acht Tage lang nach Aachen. Da zieht ein Gewitter auf. Blitze zucken, Regen prasselt. Sie brauchen dringend einen trockenen Platz für die Nacht. Auf einem Bauernhof werden sie abgewiesen. Eine Herberge für die Jugend, das wäre jetzt die Rettung. Die Kinder kommen schließlich in einer Dorfschule unter. Mädchen schlafen in einem Klassenraum, Jungen in einem anderen. Noch in der Nacht entwickelt der Lehrer ein Konzept für flächendeckende Quartiere. Wenig später gründet er die erste Jugendherberge der Welt auf einer Burg in Altena. Richard Schirrmann verlässt später die Schule und wird der erste (Jugend-) Herbergsvater der Welt.

Wer zurück zu diesen Ursprüngen will, muss nicht nach Altena reisen, auch Hessens älteste Jugendherberge befindet sich auf einer Burg. Sie wurde 1342 vom Landgrafen Heinrich von Hessen auf einem Bergsporn erbaut. Seit 1921 ist sie Zuhause auf Zeit für Wanderer und Schulklassen. Einziger Unterschied zu Altena: Erster Herbergsvater Hessens wurde kein Lehrer, sondern der auf der Burg lebende Revierförster.

Als wir die Burg Hessenstein in Vöhl-Ederbringhausen am Edersee betreten, beginnt eine Reise in die Vergangenheit. Es ist der Geruch, der die Zeit im Kopf zurückdreht. Diese Mischung aus etwas zu süßem Duschgel und feuchten Socken, die auf der Heizung trocknen.

Jungen der Grundschule aus Lohra öffnen ihr Zimmer mit vier Hochbetten darin. Sie haben Tische zusammen geschoben und mit weißen Servietten verziert. Jetzt füllen sie Erdnüsse in kleine Schalen. Vier Mädchen sind herübergekommen. Ein blonder Junge sagt: »Wir haben die Mädchen drüben geärgert. Wir haben bei ihnen nicht angeklopft. Und jetzt wollen wir es wieder gutmachen.«

Das Friedensangebot hat es noch nicht bis an die Tür geschafft. Da steht auf einem bekritzelten Zettel: »Na, ihr dummen Mädchen! Bitte draußen bleiben! Schläge!«

Auf dem gleichen Zettel kleben Sterne. Die Lehrer verteilen sie als Anerkennung, wenn die Zimmer betretbar bleiben. Putz-Pädagogik! Ein Blick auf den Boden zeigt: Die Jungs nehmen den Wettkampf an. Alles sauber hier. Es tobt der Kampf um Sterne. Jeder will am Ende den ausgelobten Preis gewinnen.

Heimat ist, wo die Erinnerung wohnt, hat einmal ein kluger Mensch gesagt. Wie viele Erinnerungen mögen in Jugendherbergen wohnen? An Rundlauf an der Tischtennisplatte, Hagebuttentee und Käseaufschnitt. Kurze Nächte und lange Wanderungen, Liebe, Glück und Kummer.

Der Hessische Rundfunk hat 180.000 Filme in seinem Archiv. Einer davon heißt: »Um zehn Uhr geht das Licht aus«. Schüler mit überdimensionierten Lederkoffern sitzen in einem Bus, der aussieht, als seien die Helden von Bern schon damit auf Tour gewesen. Es geht zu einer Jugendherberge, am Eingang wartet der strenge Herbergsvater. Ein Sprecher mit sonorer Stimme beginnt zu erzählen: »Der Wandererlass des hessischen Kultusministers von

1963 sieht für alle Schulen im Jahr acht Wandertage vor. Das Gepäck liegt auf einfachen Brettern, und niemand stört sich daran, dass dreißig oder vierzig Menschen in einem Schlafsaal unterkommen müssen. Und für manchen zimperlichen Städter wird das Waschen unter freiem Himmel zum ungewohnten Abenteuer. Und wo passt das zünftige Lagerfeuer besser hin, als gerade in diese Umgebung.«

Im Hof in Vöhl scheint die Zeit stehen geblieben zu sein. Hinter uns erhebt sich die stolze Burg. Von außen sieht sie noch aus wie im 14. Jahrhundert. Davor sitzen die Schulkinder an einem Feuer. Es sind Ritteraktionstage. Über den Flammen werden Würstchen gegrillt. Das Besteck bleibt natürlich in der Küche. Die Stimmung ist ausgelassen, die Erdnuss-Offensive der Jungs war erfolgreich. Die ersten Taschenlampen kreisen, vielleicht steht später die unvermeidbare Nachtwanderung an.

Fragt sich nur: Wer hat vorher Küchendienst? Wer darf das wenige Geschirr mit einer dicken Dusche für die Spülmaschine vorbehandeln? Ein Besuch in der Küche. Und da wird dann doch klar: Zeiten ändern sich. Schon am Eingang hängt ein dickes, gelbes Schild: »Hygienebereich! Zutritt nur für Küchenpersonal!« Für uns wird eine Ausnahme gemacht.

Es riecht nicht mehr nach Hagebuttentee. Was ist denn bitte das dort in dem Riesentopf? Stefanie Huwald, die Herbergsmutter lacht. »Das ist Erbeer-Sahne-Tee, Hagebutte gibt's schon lange nicht mehr.«

Doch damit geht's erst los. Auf einer Tafel hinter dem Herd stehen Namen von Schülern, daneben Abkürzungen. Jeder Buchstabe – ein Problem. »Das sind verschiedenste Essvorschriften«, sagt Stefanie Huwald. »Es gibt Allergien, Nahrungsmittelunverträglichkeiten. Da muss man einfach Rücksicht nehmen.«

Auch das Programm zwischen Sonnenauf- und -untergang hat sich geändert. Die Ritterspiele sind gelaufen, für die Grundschüler gibt es jetzt noch einen Fledermausabend, organisiert von der Naturschutzjugend. Andere Schulklassen lernen heute in Herbergen Einrad fahren oder über Scherben zu laufen. Oder sie erkunden eine ganze Woche lang den Nationalpark Kellerwald, der in Vöhl gleich vor dem Burgtor liegt.

Bevor die Lichter aus- und die Taschenlampen angehen, ist dann aber wieder alles so wie früher: Treffen zum Tagebuch schreiben im Tagesraum. Die Füller fliegen übers Papier. Und Kinder mit kleiner werdenden Augen erzählen von großen Geschichten, von Geisterstunden und einer schaurig schönen Schatzsuche. Und irgendwer oder irgendwas ist immer doof.

Irgendwann geht es dann hoch. Erst in den großen Waschraum zum Zähneputzen, dann in die Achtbettzimmer. Bestimmt sind noch Erdnüsse über.

Viele Jugendherbergen im Land erinnern heute an Drei- bis Vier-Sterne-Hotels. Die Jugendburg Hessenstein ist ein bisschen aus der Zeit gefallen – die Kinder scheinen nichts zu vermissen.

Der Natur auf der Spur: Kinder auf der Jugendburg Hessenstein, die heute vom NABU Hessen, der Kreishandwerkerschaft und dem Landkreis Waldeck-Frankenberg betrieben wird.

# DAS ÄLTESTE BEWOHNTE HAUS

Weiße Zinnen unter blauem Himmel. Wo der Rhein das Land verlässt, steht dieses stolze Haus, das 1290 von Rittern erbaut wurde.

Wenn Thomas Wagner sich abends in sein weißes Sofa fallen lässt, verlassen seine Füße geweihten Boden. Der Mann entspannt, wo bis vor wenigen Jahren gebetet wurde. Sein Wohnzimmer war mal eine Kapelle.

Das älteste bewohnte Haus Hessens zu finden, war die schwierigste Aufgabe, die wir in unserer Serie bisher zu lösen hatten. Das Landesamt für Denkmalpflege verglich Informationen und Dokumente aus allen Landesteilen und schickte uns dann in den äußersten Westen des Landes.

An einem Abend im Juli fühlen wir uns schließlich wie in der Toskana. Im Garten blühen blaue Blumen, ein weißer Sonnenschirm ist aufgespannt, an den Hängen wächst der Wein. Das Thermometer zeigt 23 Grad. Wie es so ist – im Sommer, an den Ausläufern des Rheingaugebirges. In diesem Fall: in Lorch.

Wir blicken also auf ein dreistöckiges Haus mit weißen Zinnen. Edwin Schneider führt oft Besuchergruppen durch seinen Ort, wenn sie vom Rheinsteig herunter kommen oder dem Rheingauer-Gebück-Wanderweg, der in Lorch endet. Schneider ist Stadtführer und das älteste Haus des Landes fester Bestandteil seiner Touren. »Das hier ist unser Adelssitz in der Stadt«, sagt er. »Dieses Haus wurde 1290 von einem in Lorch beheimateten Ritter namens Johann Saneck von Waldeck erbaut.« Das Jahr ließ sich ziemlich exakt durch eine Untersuchung der Holzbalken im Inneren bestimmen.

Ein kindliches Gemüt mag nun einwerfen: Es gab also Ritter ohne Ritterburg? – wie es dem Reporter an jenem Abend überrascht entfährt. Doch ein echter Stadtführer weist den Weg heraus aus der Welt der Kinderbücher. »Nein, das hier war nie eine Burg. Es gab eben auch Adelssitze.« Und das blieb dieses Haus sehr lange. »Später kam es nämlich in den Besitz der Ritter von Breitenbach und erhielt den Namen Breitenbacher Hof.«

1890 erwarb das Anwesen ein Weingutsbesitzer aus Niederheimbach. Der erweiterte das Haus um einen Anbau zum Rhein hin. Die Familie zog ein und blickte über den Fluss in die alte Heimat, ins heutige Bundesland Rheinland-Pfalz. Lange sollte das älteste bewohnte Haus Hessens aber keinen Besitzer von der anderen Seite des Stroms haben.

»1908 hatte die Stadt Lorch die Möglichkeit, das Haus zu erwerben. Dank einer Stiftung des Lorcher Hotel- und Weingutbesitzers Karl Altenkirch. Die Stadt Lorch hat dann hier ein Armen- und Krankenhaus eingerichtet.« Zu dieser Zeit sind die Ursprünge des Hauses nur noch schwerlich zu erkennen. In einem Buch über Baudenkmäler des Rheingaus von 1907 heißt es, das Haus sei durch Umbauten so entstellt, »dass nur noch einige einfache gotische, zweiteilige Spitzbogenfenster an der Rückseite seine frühe Entstehung erkennen lassen«.

»Ab 1918 waren dann die Dernbacher Schwestern hier«, erzählt Edwin Schneider. »Die hatten hier ihren Sitz und betrieben ein Altersheim.« Am Eingang des Hauses erinnert eine Figur des Heiligen Josephs daran. Ein großer Raum im Obergeschoss diente zu dieser Zeit als Kapelle. Heute ist es das Wohnzimmer von Thomas Wagner, denn seit 1981 ist das Haus in Privatbesitz.

Der Altar ist raus. Ein großer alter Esstisch im Raum wirkt heute so, als würde er – wie vor mehr als 700 Jahren – wieder Ritter zur Tafelrunde rufen. Gleich daneben geht es aber zurück in die Zukunft. Da stehen Thomas Wagners weiße Sofas und ein Flachbildschirm. »Dieser Raum war ein Grund, hier einzuziehen«, sagt Wagner. »Sie spüren es ja selbst. Auch nach einem heißen Sommertag ist es hier angenehm kühl. Und dieser Raum hat eine besondere Atmosphäre.« Er brauche Freiheit, meint Wagner. Und die habe er hier, allein schon durch die hohen Decken. Und dann dieser Blick durch die alten Kapellen-Fenster: auf den mediterranen Garten und die prallen Weinberge. »Wir haben diese Wohnung gesehen und uns sofort verliebt«, sagt Thomas Wagner. So ist er nun stolzer Mieter im ältesten Haus des Landes.

Noch ein Vorteil hat seine Wohnung übrigens. Wenn Besuch aus dem Ort kommt, füllen sofort launige Geschichten den Raum. Wie neulich, als ein Mann, vielleicht Mitte 60, da war. Er sah sich um, blickte aus dem Fenster, schritt durchs Wohnzimmer und erzählte dann von einem Weinfest. Hier habe er am nächsten Morgen gehockt, sternhagelvoll. Er sei in der kleinen Kapelle als Messdiener eingeteilt gewesen. »Es muss ziemlich genau hier gewesen sein«, sagte der Mann und blieb stehen, wo einst der Altar war, »Hier bin ich einfach umgekippt.« Es war sein letzter Einsatz als Messdiener.

Ab 1918 lebten hier die Dernbacher Schwestern. Zu dieser Zeit wurde das älteste noch bewohnte Haus Hessens als Altersheim genutzt. Die damalige Kapelle ist heute ein Wohnzimmer.

# DAS GRÖSSTE SYSTEM UNTERIRDISCHER GÄNGE

Reporter Sebastian Kisters gut gelaunt, ehe es in den Bauch des Berges geht. Unter dem Wilhelmsturm liegen die Kasematten. Sie gehören zu den größten Verteidigungsanlagen West-Europas.

Diese Frage hat eine Vorgeschichte: Ein Zuschauer schrieb uns, er habe Oppenheim im benachbarten Rheinhessen besucht. Ein Ort, der im Mittelalter im wahrsten Sinne untergraben wurde. Die Bewohner hatten auf bis zu fünf Ebenen eine Stadt unter der Stadt angelegt. Unter anderem, um Belagerungen zu überstehen und sich versorgen zu können. Heute gibt es Führungen unter dem alten Ortskern und manchmal Theateraufführungen. An einem heißen Sommertag war unser Zuschauer also in das kühle Kellerlabyrinth abgetaucht. Und hatte sich danach gefragt: Gibt es etwas ähnliches eigentlich auch in Hessen?

Wir tauchen also auch ab. In den Bauch eines geschichtsträchtigen Berges. Über uns thront eine Burg. Zur Verteidigung wurden Hallen und Gänge in den Berg geschlagen. Verschüttete Schießscharten zeugen von Feinden, denen hier Grenzen aufgezeigt wurden. Darüber liegen kleine Schlitze – damit das Schwarzpulver möglichst schnell verdampfen konnte. Bis zu 2000 Soldaten waren im 16. Jahrhundert in den Gängen unterwegs. Das hier ist eine der einst größten Verteidigungsanlagen Westeuropas, die die Dillenburg uneinnehmbar machen sollte. Womit klar wäre: Wir sind in die Kasematten hinabgestiegen, was so viel wie »Wallgewölbe« bedeutet.

Wir lassen uns mit Anita Klappert durch die Unterwelt treiben – sie ist Kasemattenführerin. Los geht es in einem Raum, der wie ein überdimensionierter Weinkeller wirkt. Tatsächlich ist es die »Große Durchfahrt«. Die Fachfrau erklärt: »Hier kamen die Pferdefuhrwerke rein. Mit Soldaten und Material, das man hier lagern konnte.« Wenig weiter wartet ein Brunnen, der 62 Meter tief ist. Er reichte zur Versorgung von Menschen und Tieren. Nur verheerenden Flammen hatte sein Wasser nichts entge-

Hier trabten einst Pferdefuhrwerke in die Dillenburger Kasematten.

genzusetzen. Aber das mussten die Bewohner der Burg erst später bitter erfahren.
Seit der zweiten Hälfte des 15. Jahrhunderts war die Burg zur Hauptresidenz der Grafen von Nassau aufgestiegen. Wenig später wurde das Verhältnis zur benachbarten Landgrafschaft Hessen ungemütlich, die Festung wurde ausgebaut. 1533 wurde hier Wilhelm von Nassau-Dillenburg geboren. Ihm zu Ehren heißt es heute in der holländischen Nationalhymne: »Wilhelmus von Nassau bin ich von deutschem Blut. Dem Vaterland getreu, bleib' ich bis in den Tod.«
Die Dillenburg ist Wiege des holländischen Königshauses. Das kam so: Renatus, der Fürst von Oranien, starb 1544 bei einer Schlacht. Da er ohne männliche Nachkommen geblieben war, hatte er seinen Cousin Wilhelm aus Dillenburg dazu bestimmt, sein Erbe anzutreten. Wilhelm wurde zum Anführer im erfolgreichen niederländischen Unabhängigkeitskrieg gegen die Spanier ab 1568. Für die Niederländer ist er seitdem der »Vater des Vaterlandes«.
Die Burg, von der er die Befreiung geplant hatte, trotzte dank der imposanten Verteidigungsanlage allen Angriffen im 30-Jährigen Krieg ab 1618. Das Ende der Festung kam erst 1760. Tausende französische

Bis zu 2000 Soldaten waren einst in den Gängen unterwegs.

Soldaten belagerten die Burg. Die Bewohner aber lehnten eine Kapitulation ab. Die Angreifer schossen schließlich einen Heuschober in Brand. Ein Feuer breitete sich aus, es fehlte Wasser zum Löschen. Einmal eingenommen, wurde auch der Rest der Festung abgerissen und die Kasematten zugeschüttet.
Im Jahr 1872 wurde auf dem Berg das heutige Wahrzeichen Dillenburgs errichtet: der Wilhelmsturm. Ab 1930 wurden auch die Kasematten wieder freigelegt.
Regelmäßig gibt es Führungen durch die alten Gemäuer. Manchmal tropft es von der Decke. Dann erzählt Anita Klappert – besonders Kindern – gern von Willi. »Das ist unser Kasemattengeist. Er begrüßt Euch. Er spuckt nicht nur, er spukt auch.« Einen Kilometer führt Anita Klappert Besucher durch den Bauch des Berges. »Ein Drittel der alten Verteidigungsanlage sind freigelegt. Der Rest ist noch versteckt.«
In den vergangenen Jahren kamen immer mehr Touristen nach Dillenburg. Das hat die Stadt dem beliebten Rothaarsteig zu verdanken, der hier beginnt. Aber natürlich auch dem Wilhelmsturm und den Kasematten. Etwa 40 Prozent der Besucher kommen aus den Niederlanden.

# DER NÖRDLICHSTE WEINBERG

Solaris ist eine 1975 gezüchtete Weißweinsorte. Die Reben fühlen sich auf Sylt wohl. Sie wachsen sogar noch im Süden Skandinaviens.

Wer es sich gut gehen lassen will, begibt sich auf die Suche nach Hessens nördlichstem Weinberg. Aber nicht nach dem Motto: Im Wein liegt die Wahrheit. Sondern besser nach dem Grundsatz: Der Weg ist das Ziel! Unsere Reise startet an der Eder. 20 Kilometer südlich von Kassel wird seit Jahrhunderten Wein auf dem Böddiger Berg angebaut. Früher wohl vor allem durch Mönche, um Messwein zu keltern. In den letzten Jahrzehnten von einer Familie mit eigenem Lokal, dem »Fröhlichen Weinberg«. Lange ernteten die Nordhessen damit vor allem Spott. Die Rede vom Dreimännerwein machte die Runde: Zwei halten fest, einer muss trinken. Ende der 70er Jahre kamen die Eigentümer in Schwierigkeiten. Unwetter hatten ihnen manche Ernte verhagelt.

Doch die Felsberger am Fuße des Weinberges gaben nicht auf. Ein gemeinnütziger Verein übernahm das 1,4 Hektar große Grundstück 1993. Und nur sechs Jahre später schrammten sie mit ihrem veredelten Traubensaft nur knapp am Gütesiegel Kabinett vorbei. Angebaut wird vor allem die Sorte »Ehrenfelser«, eine Riesling-Kreuzung. Bis zu neun Tonnen Trauben werden im Jahr von freiwilligen Helfern geerntet und dann gleich nach Eltville zum Hessischen Staatsweingut verfrachtet. Im Rheingau wird der Wein gekeltert und später auf Flaschen gezogen. Für 6000 Flaschen reichte der Jahrgang 2013. Die 0,75 Liter Flasche wird für acht Euro verkauft. Das genügt, um die Kosten zu decken. Klaus Stiegel vom Förderverein Böddiger Berg sagt: »Wir müssen natürlich auch immer mit schlechteren Jahren kalkulieren. Die Witterung an der Eder ist natürlich nicht so stabil wie im Rheingau. 2014 etwa hat es nur für 1600 Liter Wein gereicht.« Dann zehren sie von den guten Jahren. »Es ist für uns ein Stück Heimatgeschichte und Tradition.«

Man könnte die Reise hier be-

Am Kirchturm von Keitum startete das Experiment am 4. Juni 2009.

enden, knapp über dem 51. Breitengrad. Oder 398 Kilometer weiter Richtung Nordosten fahren. Zur Hessischen Landesvertretung in Berlin. 155 Rebstöcke wachsen dort im Garten. »Auferstanden aus Ruinen«, scherzt Daniel Mayer, der Hauptstadtwinzer. Der Mann hat in Geisenheim Weinbau studiert und kümmert sich jetzt um einen Weinberg im Stadtteil Kreuzberg und den des Landes Hessen. Wobei: Er macht das nicht alleine. Gerüchteweise schleicht sich auch der hessische Abgeordnete und Ex-Verteidigungsminister Franz-Josef Jung regelmäßig in den Garten. Er ist Sprössling einer Winzerfamilie und hegt und pflegt was da in der Berliner Luft heranwächst. »Die Leute in der Landesvertretung werden immer ein bisschen nervös, wenn Jung nach den Reben guckt«, erzählt der Hauptstadtwinzer. »Denn meistens kommt er wohl unangemeldet.« Aber der Fachmann ist wohl zufrieden mit dem, was er dann sieht und später auf Empfängen kosten darf. Sonst wäre der Hauptstadtwinzer vermutlich auch seinen Job los. »Es sind wirklich keine schlechten Mostgewichte, die wir erzielen.«

Riesling, Spätburgunder und St. Laurent wachsen im Garten der Landesvertretung. In bester Berliner Lage. Manch einer spottet deshalb, es wäre der teuerste Weinberg Deutschlands. 80 Flaschen Wein wurden ihm zuletzt abgepresst.

Auf 52,5 Grad nördlicher Breite könnte die Geschichte ein weiteres Mal enden, aber da geht noch was. Die Bahn zum Beispiel, die einen in fünf Stunden und neun Minuten zu einem weiteren Weinberg fährt, der mit gutem Willen als Hessens nördlichster bezeichnet werden kann.

Und das ist die Geschichte dazu: Vor etwa zehn Jahren beschlossen Politiker in Schleswig-Holstein, dass auch das Land zwischen den Meeren ein Weinanbau-Gebiet bekommen sollte. Doch das ist nicht so einfach, und noch geht es dabei nicht einmal ums Klima. Denn zunächst braucht man Anbau-Rechte. Die werden von der Europäischen Union vergeben, um eine Wein-Schwemme zu vermeiden. Für Deutschland aber waren alle Rechte vergeben. Was tun? 99 Rebstöcke dürfen auch Privatleute anbauen, 100 wären eine Ordnungswidrigkeit.

Da erbarmte sich Kurt Beck und übertrug dem Hohen Norden des Landes zehn Hektar aus dem Rheinland-Pfälzischen Kontingent. Dann gab es eine Ausschreibung: Wer traute sich in den rauen Wind von Nord- und Ostsee, um die Welt mit Wein aus Schleswig-Holstein zu beglücken?

Familie Ress, eine Winzerfamilie in fünfter Generation aus Hattenheim hatte Lust. »Es war dieses Pionier-Gefühl. Das hat natürlich schon eine Rolle gespielt«, sagt Christian Ress. Der hessische Betrieb lässt mehrere Standorte prüfen und entscheidet sich: für Sylt. »Die Hoffnung auf Aufmerksamkeit hat dabei natürlich eine Rolle gespielt. Aber es ist auch ein toller Markt. Uns war klar: Bei den Kosten hier, muss eine Flasche einen hohen Preis erzielen. Die Story um den Wein herum muss dabei helfen, und Sylt hat Kultstatus.«

Der nördlichste Weinberg hessischer Winzer – so korrekt sollten wir sein – gedeiht nun an der Kirche des Inselortes Keitum. Und das seit dem 4. Juni 2009. Kräftiger Westwind, Sand und wechselndes Wetter haben den Reben der Sorte Solaris bislang nichts anhaben können. Die ersten Ernten waren gut. Dabei hatten Generationen von Schulkindern gelernt: Die nördliche Grenze des Weinanbaus ist der 50. Breitengrad. Ziemlich genau daran entlang verläuft der Rheingau. Nördlichere Anbaugebiete wie an der Ahr oder Saale galten aufgrund besonderer klimatischer Bedingungen lediglich als außergewöhnliche Vorposten.

Doch die Zeiten haben sich geändert. Oder besser: das Klima. »Am Schloss Johannisberg lässt sich das durch Aufzeichnungen sehr gut belegen. In den letzten 80 Jahren hat sich das Einsetzen der Blüte um etwa 20 Tage nach vorne verschoben«, sagt Winzer Christian Ress. Und diese Erwärmung ist natürlich auch am Norden Deutschlands nicht vorbei gegangen. Die Natur wacht zwar später auf als im Rheingau, aber eben früh genug für neue Züchtungen wie die Rebsorte Solaris. Die wächst sogar in Dänemark oder Südschweden.

Die Anbaubedingungen auf Sylt seien also gar nicht schlecht. Zumal die Insel mit 1700 Sonnenstunden im Jahr den Rheingau um rund 200 übertreffe. »Und der Boden ist auch nicht schlecht. Schafe und Pferde haben hier jahrzehntelang Dung angereichert.«

Kenner behaupten, der Sylter Wein erinnere an einen guten Sauvignon Blanc mit Paprika Aromen. Probieren konnten wir leider nicht. Die über 1000 Flaschen des letzten Jahrgangs waren sehr schnell ausverkauft. »Einige Leute haben ja behauptet, das wäre hier ein Marketing-Gag. Aber alles, was ich tue, muss ich bezahlen können«, sagt Christian Ress. Und da ist er wohl auf einem guten Weg. Die Flaschen gingen für 69 Euro pro Stück über die Ladentheken, vor allem auf Sylt, wo die Winzer nicht nur Wein verkaufen, sondern eine Geschichte dazu, die sich auf jeder Gartenparty gut erzählen lässt.

Familie Ress hat das Land für die nächsten 25 Jahre gepachtet mit der Option auf mehr. Der Wein der Hessen auf Sylt heißt übrigens genau wie der Akzent, der auf Sylt gesprochen wird: Söl'ring. Er wächst auf dem 55. Grad nördlicher Breite.

Neben Trauben ernteten die hessischen Winzer auf Sylt anfangs auch Spott. Doch das ist Vergangenheit.

# WO DIE MEISTEN MENSCHEN ABWANDERN

Zur Zeit leider geschlossen. In vielen Gemeinden gibt es Häuser, die von heute auf morgen verlassen wurden. Manchmal erzählen zurückgelassene Tannenbäume von einem letzten Weihnachtsfest, ehe Familien fortzogen.

Weihnachten war gerade vorüber, da beschloss die Familie aus dem alten Fachwerkhaus zu gehen. Sie packten ihre Koffer und verließen den Ort. Ungefähr so, als wäre es ein Urlaub. Den Weihnachtsbaum mit Lichterkette ließen sie stehen. Die Waschmaschine samt Waschpulver auch. Viele Säcke Putz blieben auch liegen. Sie zeugen noch davon, dass in das alte Fachwerkhaus einmal die Zukunft einziehen sollte. Das ist Vergangenheit. Die Familie kam nie zurück.

Dabei waren sie in der Gemeinde so froh, als sich ein Käufer für das Haus mitten im Ort gefunden hatte. Etwa 1000 Euro hatten die neuen Besitzer gezahlt. Klar, es gab viel zu renovieren. Dafür waren es die eigenen vier Wände – für 1000 Euro! Doch das Glück im trauten Heim wollte sich nicht einstellen. Niemand weiß, warum. Ob das Geld für neue Fenster und Dielen fehlte? Oder der Ort zu klein für große Träume war? Die Familie verschwand spurlos und hinterließ außer dem geschmückten Weihnachtsbaum eine ratlose Stadtverwaltung. Da im Rathaus niemand weiß, wo die Besitzer wohnen, können sie das Haus nicht weiter vermitteln. Nicht einmal abreißen darf die Stadt das Haus. Jetzt verfällt es langsam – mitten in Schwarzenborn im Schwalm-Eder Kreis.

2011 war Schwarzenborn die am schnellsten schrumpfende Gemeinde Hessens. Fast zehn Prozent seiner Bürger hatte die 1200 Einwohner starke Stadt in den Jahren zuvor verloren.

Doch dieses Schicksal teilt Schwarzenborn mit vielen anderen Gemeinden in Hessen. Der Titel wird wie ein Wanderpokal verlässlich weitergereicht. Wen es trifft, der kann von demographischem Wandel erzählen. Und davon, dass der schon jetzt Formen von Wüstungen hinterlassen kann. Wenn Menschen von jetzt auf gleich einfach gehen. Es passiert schon heute – wie in Schwarzenborn.

Stadtrundgang: Bürgermeister Jürgen Kaufmann führt Reporter Sebastian Kisters und Kameramann Mike Dietrichs durch Schwarzenborn.

Wir gehen mit dem Bürgermeister durch den Ortskern. Neben Neubauten, die in der Sonne leuchten, verblassen Häuser, deren Türen mit Brettern vernagelt sind. Jürgen Kaufmann sagt: »Die Menschen sind schon in den letzten Jahrzehnten immer wieder in die Ballungsräume abgewandert. Dahin, wo sie eher Arbeit finden und es höhere Löhne gibt. Wir haben das stark in zwei Wellen gehabt. Zum einen nach dem Krieg. Anfang der 50er Jahre sind Flüchtlinge und Vertriebene, die gekommen waren, Richtung Rhein-Main-Gebiet weiter gezogen. Die zweite Welle war dann Anfang der 90er Jahre, als Aus- und Übersiedler aus dem Osten erst hier ankamen, dann aber weiter gewandert sind in prosperierendere Gebiete.«
Es ist ein weltweiter Trend, der auch Hessen erfasst hat: Menschen zieht es in die Ballungsräume. Bevölkerungsforscher

haben Modelle errechnet, die vor allem für den Norden des Landes nichts Gutes verheißen. Demnach wird der Werra-Meißner Kreis bis 2050 fast 50 Prozent seiner Einwohner verlieren. Hersfeld-Rotenburg fast 40 Prozent, der Schwalm-Eder Kreis 15 Prozent. Wanderungsgewinne gibt es vor allem in Frankfurt und dem sogenannten Speckgürtel darum herum, also Städten am Fuße des Taunus und in der Wetterau.

Wenn Menschen gehen, kommen Probleme. Geschäften fehlen die Kunden, Kindergärten die Kinder, später trifft es die Schulen. Wo es sie noch gibt, erzählt man den Kleinen besser nicht mehr, dass es gut ist, sparsam mit Wasser umzugehen. Denn manche Kanalisation verstopft bereits, weil nicht mehr genug Wasser hindurch rauscht. Und damit nicht genug: Weil immer weniger Bürger Kanalisation oder Straßen nutzen, steigen die Gebühren für jene, die bleiben.

Das Vienna Institute of Demography hat kürzlich die Wanderungsbewegungen der Deutschen untersucht. Von einer trägen, heimatverbundenen Masse kann keine Rede mehr sein. Da so viele junge Menschen studieren wie nie zuvor, sind zunächst die Universitätsstädte zu Magneten geworden. Nach der Uni lassen sie die Absolventen jedoch selten wieder los, da sich die dann angestrebten Jobs selten in kleineren Gemeinden finden. So weit, so logisch. Früher aber zog es die Menschen wieder aufs Land, sobald aus Paaren Familien wurden. Doch der Sog zurück hat an Kraft verloren. Suburbanisierung war gestern. Jetzt werden Kinder auch in den Städten groß.

Einige Gemeinden versuchen mit ungewöhnlichen Ideen die Menschen zu halten. Sie stemmen sich gegen den Trend. 2012 war Bromskirchen im Kreis Waldeck-Frankenberg die Gemeinde mit dem höchsten Bevölkerungsverlust. Die Stadt zahlt nun Familien, die hier ein leer stehendes Haus kaufen, bis zu 36.000 Euro. Wohlgemerkt: Eine Starthilfe, die nicht zurückgezahlt werden muss. Der Bürgermeister sagt, langfristig rechne sich das, da das Geld durch Einnahmen – etwa durch die Einkommenssteuer – wieder zurück käme. Schwarzenborn entwickelt mit anderen Gemeinden ein Gewerbegebiet. »2030 möchte ich eigentlich, dass wir die Bevölkerung stabilisiert haben. Dass wir hier geborene Menschen halten

Im Hochknüll gelegen: Schwarzenborn.

können, weil es Arbeitsplätze gibt«, sagt Bürgermeister Jürgen Kaufmann. »Und ich hoffe auf Zuwanderung, wie wir sie immer wieder gehabt haben. Zum Beispiel aus Mittel- oder Osteuropa. Wir haben schon einige Menschen hier. Ich hoffe, dass noch mehr kommen, wenn sie hier Arbeit und gute Lebensbedingungen finden.«

Zuletzt hat sich hessenweit der Wunsch des Schwarzenborner Bürgermeisters von 2011 erfüllt. 2014 waren rund 20.000 Bürger mehr im Bundesland gemeldet als im Jahr zuvor. Allein aus Bulgarien, Rumänien und Polen kamen fast 10.000 Neubürger. Die meisten zog es allerdings nach Frankfurt. Zuletzt wuchs die Stadt am Main jeden Monat um mehr als 1000 Einwohner. Doch die Zuwanderung aus dem Ausland hat auch die Bevölkerungszahlen in nördlichen Landkreisen und Gemeinden zumindest stabilisiert.

So wie in Schwarzenborn. Die Einwohnerzahl liegt durch Flüchtlinge und Migranten aktuell wieder bei über 1300. Das Gewerbegebiet steht, erste Betriebe haben sich angesiedelt. Jetzt prüft die Gemeinde die Gründung einer Bürger-Stiftung. Schwarzenborn will Häuser kaufen und sie renovieren.

Verlassen, aber nicht verkauft. Dieses Haus mitten im Ort.

Neubürger sollen später zinslose Kredite bekommen, um sich hier den Traum von einem eigenen Zuhause erfüllen zu können. »Wir wollen Menschen eine Chance geben«, sagt der Bürgermeister.

Damit hilft er auch Hessen, weil es dem Land politisches Gewicht verleiht. Zuwanderer sorgten zuletzt mit dafür, dass Hessen weiterhin knapp mehr als sechs Millionen Einwohner hat. Und das bedeutet: Das Land hat fünf Stimmen im Bundesrat. Sollte die Einwohnerzahl unter die sechs Millionen-Marke fallen, bekäme Hessen eine Stimme entzogen und hätte dann nur noch vier. Genauso viele wie Berlin, Sachsen-Anhalt oder Brandenburg. Ein Bundesland, das bereits Erfahrung mit dem »Rückbau« ganzer Stadtteile machen musste, weil Häuser nicht mehr gebraucht werden. Seit 2002 wurden in Brandenburg rund 60.000 Wohnungen abgerissen. Da ging es nicht bloß um einzelne Häuser. Wie in Schwarzenborn.

Das verlassene Fachwerkhaus wird übrigens nicht wiederbelebt. Seine Tage sind gezählt. Ein Gutachten hat ergeben: Es ist mittlerweile nicht mehr zu erhalten. Die Stadt darf es abreißen.

# DER TROCKENSTE ORT

Die Wiege des Rieslings: die Weinberge rund um das Schloss Johannisberg im Rheingau.

Das Jahr 2014 war das wärmste in der Geschichte Hessens. Die Durchschnittstemperatur lag bei 10,3 Grad Celsius. Klingt kalt? Aber das sind 2,1 Grad mehr als in der vieljährigen Vergleichsperiode von 1961 bis 1990. Welche Folgen das für Pflanzen, Tiere, letztendlich auch für Menschen hat – daran forschen Wissenschaftler am trockensten Ort Hessens: an der Hochschule Geisenheim im Rheingau.
Rund 550 Liter Regen fallen hier im Jahr auf einen Quadratmeter Fläche, gut 200 Liter weniger als im hessischen Durchschnitt. hr-Meteorologe Tim Staeger, der für die hessenschau und Tagesschau das Wetter prognostiziert, erklärt das so: »Die Niederschlagsverteilung in Hessen hängt stark von der Geländeform und den damit verbundenen Abschattungs-Effekten ab. Da über das Jahr der Wind in Mitteleuropa am häufigsten aus Westen weht, liegt Geisenheim im Regenschatten des Rheingaugebirges.« Viele Wolken haben sich also bereits über Rheinland-Pfalz erleichtert, ehe sie über den Rhein ziehen.
Doch auch für den trockensten Ort Hessens gilt, was sich im gesamten Land beobachten lässt: Die Niederschläge im Sommer nehmen ab, im Winter regnet es dagegen mehr. Genauso im Herbst – mit Folgen für die Landwirtschaft.
Manfred Stoll leitet in Geisenheim das Institut für allgemeinen und ökologischen Weinbau. Am Beispiel der Niederschläge ließe sich gut erklären, was eine Klimaveränderung bewirke. Wenn es zu heftigem Regen im Herbst komme, sei das gefährlich für die Trauben der Winzer. »Die Beerenhaut ist kurz vor der Lese sehr dünn. Wenn die Trauben dann noch einmal verstärkt Wasser aufnehmen, platzen sie wie Kirschen«, sagt Manfred Stoll. 2006 habe es eine »Blitzlese« geben müssen. Am 2. und 3. Oktober seien rund um Geisenheim über 100 Liter Wasser

auf den Quadratmeter gefallen. »Da brauchten Sie eine schnelle Ernte!« Gut möglich, dass sich Bauern und Winzer auf dieses Phänomen einstellen müssen. Nach Daten der Münchener Rückversicherungs-Gesellschaft Munich Re hat sich die Zahl verheerender Stürme und Regenfälle seit den 70er Jahren verdreifacht. Tendenz: steigend. Dieser Trend gilt auch für die Temperaturen. Plötzlich fühlen sich Schädlinge in Hessen wohl, deren nördliche Verbreitungsgrenze vor zwei Jahren noch am Bodensee lag. Im Sommer 2014 hatten es die Winzer erstmals mit der Kirschessigfliege zu tun. Wie Mücken nach Blut suchen, fliegt dieser Schädling auf süßen Beerensaft. Das zwei bis drei Millimeter große Tier, das eigentlich in Südostasien zu Hause ist, hat dornenartige Zähne. »Die Fliege sägt die Beerenhaut auf«, sagt Stoll. Dann legt sie Eier ab. »Die verletzte Haut ist eine optimale Eintrittsstelle auch für andere Schädlinge. Am Ende wird der Zucker der Trauben nicht in Alkohol umgewandelt, sondern oxidiert zu Essigsäure. Die Schäden sind fatal.«
Die Wärme verändere auch den »Sortenspiegel« im Rheingau. »Angebaut werden heute auch Merlot oder Cabernet Sauvignon. Rote Rebsorten, die Wärme lieben.« Vor 20 Jahren noch undenkbar – zumal Geisenheim die Kinderstube des Rieslings ist. Auf dem Johannisberg liegt das erste Riesling-Weingut der Welt. 1720 wurde die komplette Domäne mit der Rebsorte bestockt. Noch heute liegen die ersten Flaschen der edlen Tropfen in den Kellergewölben des Schlosses Johannisberg.
Im trockensten Ort Hessens wurde auch die Spätlese erfunden. Etwa um 1100 hatten Benediktiner ein Kloster auf dem Berg gegründet. Damals hieß er noch Bischofsberg. Erst 1130 erfolgte die Umbenennung zu Ehren Johannes des Täufers. 1716 übernahm die Fürstabtei von Fulda den Berg. Die Mönche mussten die Erlaubnis zur Weinlese nun Jahr für Jahr beim Fürstabt einholen. Wenn es an der Zeit war, schickten sie also einen berittenen Boten gen Osten. Doch 1775 verspätete sich seine Rückkehr um einige Wochen. Mit Folgen für die Trauben, die waren inzwischen von der Grauschimmelfäule befallen. Die Mönche hielten die Ernte für verloren. Der beherzte Kellermeister aber ließ sie dennoch pflücken und keltern. Das nächste Frühjahr kam. Und als die Mönche vom Wein

Rund 550 Liter Regen fallen hier im Jahr auf den Quadratmeter. Im Landesdurchschnitt sind es gut 200 mehr. Zuletzt machten den Winzern heftige Schauer im Herbst zu schaffen.

probierten, waren sie von der Qualität höchst angetan. Zufall und Mut hatten einen neuen Weinstil kreiert: die Spätlese. Zwar hatten manche Winzer auch schon zuvor eine kleine Fäulnis in Kauf genommen, um süßere Trauben zu bekommen, doch die planmäßig späte Lese von edelfaulen Trauben begann ihre weltweite Verbreitung am Johannisberg. Noch heute erinnert am Schloss ein Denkmal mit einem Reiter daran.

Was die Zukunft bringt? Geisenheim wird die Heimat des Rieslings bleiben, meint Manfred Stoll. »In 50 Jahren wird es hier noch Riesling geben«, sagt er. Man werde ihn nur anders anbauen als heute. Vielleicht wird sich auch sein Geschmack ändern. Denn nicht nur Starkregen und Hitze nehmen zu, sondern auch die Kohlendioxid Konzentration in der Luft. Die Pflanzen fixieren mehr Kohlenstoff und wachsen schneller. Mag sein, dass sich dies auch auf die Aromastoffe der Weine auswirkt.

Bleibt noch eine Frage. Wo in Hessen fällt der meiste Niederschlag? Noch einmal hr-Meteorologe Tim Staeger: »Grebenhain liegt auf der Westseite des Vogelsberges und somit bei westlicher Anströmung im Regenstau. Die Jahressumme des Niederschlages beträgt hier 1100 Liter pro Quadratmeter. Also doppelt so viel wie in Geisenheim.«

# WO ES NOCH AGENTENTUNNEL GIBT

## EINE FESTGEFAHRENE SITUATION ...

▪ Unsere Serie entsteht spontan. An jedem Abend fragen Zuschauer nach besonderen Orten, das Team der *hessenschau* versucht sie schnell zu finden und ist am nächsten Abend live vor Ort. Bei »normalen« Produktionen gibt es sogenannte Vbs, das steht im Fernsehjargon für Vorbesichtigung.

▪ Bei Hessen fragt die hessenschau bleibt dafür keine Zeit. Um möglichst von jedem Ort senden zu können, haben wir also über einen Kilometer Kabel dabei – und meistens Glück. An diesem Tag wurde es aber knapp. Eines der Fahrzeuge hatte sich auf dem Übergang von der Straße auf dem ehemaligen Todesstreifen festgefahren. Ein Bauer unterbrach die Ernte, um uns zu befreien. An dieser Stelle noch einmal: Danke!

Das grüne Band: Wo einst die Grenze verlief, sind heute Wanderer auf zahlreichen zertifizierten Strecken untetwegs.

Rund 220 Kilometer lang ist die Grenze zwischen Hessen und Thüringen – ein Teil der ehemaligen Deutsch-deutschen-Grenze. In Hessens östlichster Stadt hatte der Eiserne Vorhang lange Zeit zwei Durchlässe. Einer erzählt vom Kalten Krieg, einer von einer tiefen Ost-West-Freundschaft.

Beginnen soll diese Geschichte mit einer von der DDR angelegten Agentenschleuse. Wer bei Wanfried dem Grünen Band folgt, dem alten Kolonnenstreifen der DDR-Grenztruppen, wird sie finden. Sanfte Hügel erheben sich, es riecht nach wilden Kräutern. Zu hören ist nichts außer zirpende Grillen. Hinter einem Gebüsch beginnt ein eigentlich unspektakuläres Abwasserrohr in einer Mulde. Die Röhre führt ins ehemalige Niemandsland. Das lag zwar hinter dem Grenzzaun, aber doch noch rund 30 Meter vor dem Staatsgebiet der alten Bundesrepublik. Die Röhre war von Westen aus nicht zu erkennen, dichtes Gebüsch und Bäume lagen davor. Spione, die hier geschleust wurden, konnten sich also unentdeckt ins Dickicht schlagen. Der Tunnel war Anfang der 80er Jahre von der DDR als Wasserdurchlass gebaut worden. Heute weiß man: Um die Mulde im Osten zu entwässern, hätte – wenn überhaupt notwendig – ein Tunnel mit einem Durchmesser von 20 Zentimetern gereicht. Tatsächlich hatte die Röhre einen Durchmesser von einem Meter.

Wilhelm Gebhard, heute Bürgermeister von Wanfried, sagt, der Tunnel sei im Westen völlig unbekannt gewesen. Bei Minen-Räumungsarbeiten Anfang der 90er Jahre sei der Röhreneingang von der Ostseite zunächst verschüttet worden. »Nach der späteren Entdeckung haben der Heimatverein Altenburschla aus Hessen und der Heimatverein Wendehausen aus Thüringen darauf gedrungen, dass dieser Tunnel erhalten bleibt und heute Teil des Wanderwegekonzeptes ist.«

Der Tunnel wurde in den 80er Jahren wohl nicht nur einseitig genutzt. »Es ist bekannt, dass es Stadtverwaltungsbedienstete gab, die den einen oder andern Pass haben verschwinden lassen«, sagt Wilhelm Gebhard. »Die wurden dann wohl auch der Stasi zugespielt. Man kann davon ausgehen, dass diese Pässe dann den Weg durch diesen Tunnel genommen haben, diese Agentenschleuse. Niemand hätte sich wohl der Gefahr aussetzen wollen, Pässe über offizielle Grenzübergänge zu schleusen.«
Der Heimatverein Wendehausen hat ebenfalls zur Bedeutung des Tunnels geforscht und schreibt heute in einem Wanderführer: »Solche Schleusen dienten dazu, Personen konspirativ einen sicheren Grenzübertritt zu ermöglichen, die aus verschiedensten Gründen nicht über eine Grenzübergangsstelle in die DDR ein- oder ausreisen konnten. Dabei könnte es sich zum Beispiel auch um Personen aus bundesdeutschen Sicherheitsbehörden oder der Politik handeln. Aber auch um Kuriere und Instrukteure der Stasi, die häufig reisten und dadurch hätten auffallen können. Geschleust wurden aber auch Material wie zum Beispiel Funkgeräte und Druckerzeugnisse, die eine Dekonspiration nach sich gezogen hätten, wenn Bundesgrenzschutz oder Zoll sie entdeckt hätten. Im Gegensatz zu Toren in den Grenzzäunen war die Agentenschleuse nicht vom BGS oder Zoll einsehbar.«
Aber auch den Kontrollen auf der eigenen Seite des Zaunes wollte die Stasi entgehen. Auch das war ein Grund für den Bau der geheimen Schleusen. Bereits 1962 hatte die Stasi deshalb eine Gruppe »Grenzschleuse« aufgebaut. 70 hauptamtliche Mitarbeiter richteten Schleusungsstellen entlang der Grenze ein. In Berichten heißt es, dass Personen, die in den Westen geschleust wurden, vorher eine spezielle Ausbildung bekamen. Sie lernten Verstecke anzulegen, Kompass und Karten zu lesen. Zum Abschluss der Ausbildung gab es regelmäßig eine »Scheinschleusung«. Agenten glaubten danach, bereits in der Bundesrepublik zu sein. Sie waren jedoch noch auf dem Gebiet der DDR und wurden auf ihre Zuverlässigkeit geprüft.
Besucher, die sich nicht um ihre Kleidung sorgen und unter keiner Kleintier-Phobie leiden, können heute übrigens ausprobieren, welcher Fitness-Zustand einst von Agenten gefordert war.

Foto: Jutta Riedl

Unscheinbar beginnt der Agententunnel in einer Mulde.

Ein Premium-Wanderweg führt direkt an der alten Schleuse in Wanfried vorbei.

Noch bevor die DDR diese Röhre baute, hatte die Grenze wenige Kilometer entfernt ein anderes Loch. Und wieder hatte es mit einer Mulde zu tun. Der Grenzzaun reichte an einer Stelle nicht zum Boden. Vier DDR-Grenzer gingen an einem heißen Sommertag 1965 Streife, als ein Lockruf aus dem Westen kam. »Ihr braucht euch nicht verstecken, ich habe euch längst gesehen«, rief ein junger Mann des Bundesgrenzschutzes herüber. Ihm war langweilig. »Kommt doch mal rüber! Traut ihr euch etwa nicht? – Es gibt auch ein Bier!«

»Damit haben sie uns gehabt«, erzählt einer der damaligen DDR-Grenzer heute. Kühles Bier statt Kalter Krieg, das klang zu verlockend. Die vier DDR-Grenzer legten sich auf den Bauch und robbten durch die Mulde auf das Loch im Zaun zu. Der BRD-Kollege bekam Angst. »Passt auf! Da sind doch Minen!«, schrie er herüber. Zu spät, die vier Soldaten aus Thüringen wollten es jetzt wissen. »Wir waren vier Schweyks. Wir haben das alles nicht für voll genommen. Es war jugendlicher Leichtsinn.« Minuten später waren sie in Hessen. Immerhin: Der Kollege aus dem Westen hielt Wort. Es gab Bier! Und weil es einmal funktioniert hatte, dachten sich alle: Einmal ist keinmal. Die fünf glichen Dienstpläne ab und verabredeten sich gleich fürs nächste Mal. Nach wenigen Wochen wurde ein kleiner Grenzverkehr daraus. Jerry Cotton Hefte, Bier und Zigaretten wanderten mit den Ost-Jungs durch die Mulde auf die andere Seite des Grenzzaunes. »Wir haben uns nur geschworen: Keiner darf abhauen. Das würde die anderen in Gefahr bringen!« Die vier hielten Wort.

Auf Westseite waren mittlerweile weitere Kollegen eingeweiht und es gab Pläne für einen gemeinsamen Ausflug. »Mensch wir zeigen euch mal Kassel!«, schlug einer vor. Das war zwei der jungen DDR-Soldaten dann aber doch ein bisschen zu heiß. Es blieb bei Besuchen in einem Wald an der Mulde.

Irgendwann hatten die vier aus dem Osten dann doch einen weiteren Kollegen eingeweiht. Als der wegen eines Vergehens unter Druck geriet, verriet er das Geheimnis seiner vier Kollegen, um die Behörden milde zu stimmen. Sie kamen wegen Verrats militärischer Geheimnisse drei

Wer bremst, verliert. Diese bittere Erkenntnis musste auch das Team der Hessenschau machen, als das Fahrzeug für die Energieversorgung in einer Mulde hängen blieb. Aber die Wanfrieder sind hilfsbereit!

Jahre ins Gefängnis. Außerdem rodeten DDR-Grenztruppe den Wald an der Mulde und erneuerte den Zaun. Der junge Grenzschützer auf hessischer Seite ahnte da natürlich: Seine Kollegen müssen aufgeflogen sein. »Ich habe mich schuldig gefühlt«, erzählt er. »Schließlich war es meine blöde Idee mit dem Bier.«
Die Jahre gingen ins Land, er konnte die vier jungen Männer nicht vergessen. Er schrieb Briefe, doch bekam keine Antwort. Nach dem Fall der Mauer begann er seine Suche nach den Kollegen von damals erneut. Und jetzt war er erfolgreich. 25 Jahre nach dem ersten kühlen Bier in einer Mulde bei Wanfried trafen sich die fünf wieder. Mit Bier und einem kleinen Baum, den sie pflanzten, wo die DDR ihretwegen viele andere Bäume gefällt hatte.

# DER GRÖSSTE TAGEBAU HESSENS

Quarzsand aus Hessens größtem Steinbruch lässt unsere Zähne glänzen.

Den schönsten Satz dieser Serie hörten wir im Taunus. Wir hatten gerade den Übertragungswagen an den Rand eines riesigen Kraters manövriert, blickten in tiefes Grün am Horizont und bestaunten überdimensionierte Laster, die vorüber zogen. Wir hätten Stunden so stehen und staunen können. Wie Kinder, die immer wieder Neues in einem Bilderbuch entdecken. Da fiel es jemandem aus dem Team ein – die Sprengung! Wir waren ja extra früh angereist, um die Sprengung von 15.000 Tonnen Quarzit filmen zu können. Es wurde hektisch. Wo ist der Betriebsleiter? Was hatte er gestern am Telefon gesagt? Sprengung gegen 10:30 Uhr? »Ganz ruhig«, sagte der Mann, den die plötzlich aufkommende Hektik sichtlich amüsierte. »Wir sprengen, wenn Sie soweit sind.« Ein Satz für alle Lebenslagen.

Also noch ein paar Bilderbuch-Blicke. 300 Meter entfernt von uns steht ein Bagger. Er kratzt zusammen, was von der letzten Sprengung übrig blieb. Sieht wie ein Spielzeug aus – der Bagger, so weit und tief ist das Loch im Berg.

Der größte Tagebau Hessens ist vom oberen Rand bis zum Boden 150 Meter tief. Auf zehn Sohlen wird gesprengt und gegraben. Das Objekt der Begierde ist hier gepresster Sand. Uralter wohl gemerkt. Was hier in Friedrichsdorf abgebaut wird, entstand vor etwa 320 Millionen Jahren. Damals lag Mitteleuropa etwa am Äquator und am Rande des Taunus plätscherte ein tropisches Meer an einen Strand. Der Sand ist steinhart geworden und als Rohstoff begleitet er uns durch den Tag.

Der Projektmanager ist zu uns an den Rand des Kraters gekommen und erklärt, was aus den Steinen wird, die sie hier der Erde entreißen. »Was wir hier gewinnen, braucht jeder von uns«, sagt Thilo Orgis. »Es geht gleich nach dem Aufstehen los. Quarzsand steckt oft

100 Gramm Sprengstoff reichen, um mehr als 10.000 Tonnen Quarzsand frei zu sprengen.

als Schleifmittel in Zahnpasten. Er wird aber auch zur Glasherstellung verwendet. Natürlich braucht man ihn für den Straßenbau und auch, um Häuser damit zu bauen.«

Thilo Orgis hat noch eine Bohrkrone mitgebracht. Ein massives Stück Eisen mit Spitzen daran. Acht Meter tiefe Löcher werden damit in die Erde gerammt. Dann kommt der Sprengmeister und lässt Sprengstoff herab. Er braucht nicht mehr als 100 Gramm, um eine Tonne Gestein frei zu sprengen. Der Mann verschanzt sich dafür in einer Stahltonne mit Sehschlitz. Sieht ein bisschen aus, wie ein Ritterhelm. Sprengmeister leben im Straßenverkehr übrigens gefährlich. Ein Verstoß gegen ein

Tempo-Limit und seine Lizenz zum Sprengen ist in Gefahr, weil die Behörden ihn nicht mehr für zuverlässig und kontrolliert halten könnten.
Als wir alle in Stahltonnen versteckt sind, lässt der Betriebsleiter sprengen. Durch den kleinen Sehschlitz sieht es nicht gerade wie eine James-Bond-Nummer aus. Der Knall ist auch eher leise. Es fliegen keine Steine, es sieht eher aus, als würden Dominosteine fallen. Jedenfalls: 15.000 Tonnen Quarzit warten nun auf den Traum eines jeden Dreijährigen, die Riesenlaster.
»Von denen sind jetzt zwei Stück im Einsatz. Sie fahren 16 Stunden am Tag und bringen somit 120 Mal Material zur sogenannten Vorbrechanlage«, sagt Thilo Orgis. In deren Mitte klafft ein Loch. Darin verbirgt sich ein riesiges Maul aus Metall. Die gröbsten Teile werden zermalmt. Von da geht es weiter in ein Becken, das aussieht wie eine zu groß geratene gekippte Waschtrommel. »Da wird Material gewaschen und dann ist es so sauber, dass man es einsetzen kann.«
Neben der Waschmaschine wird es dann auf Haufen gelagert. Die kleinsten Steine ähneln nun Murmeln, die größten eher Tischtennisbällen. »Dieses Material könnten Sie in Straßen wiederfinden oder in Hochhäusern, die gerade in Frankfurt gebaut werden«, sagt Thilo Orgis.
Eine Million Tonnen Material verlassen jedes Jahr den größten Tagebau Hessens. Momentan wird er erweitert. Und das heißt: Viel Arbeit für Thilo Orgis. »Für jeden Quadratmeter Wald, den wir hier roden, müssen wir einen Quadratmeter an anderer Stelle wieder aufforsten. Dafür Flächen zu finden, ist manchmal gar nicht so einfach.«
Dann endet unser Tag im Tagebau. Eine Kollegin darf noch eine Runde auf einem LKW mitfahren. Die anderen begleiten die Mannschaft aus dem Quarzit-Werk in die Büro-Baracke am Fuße des Berges. Wir bedanken uns noch einmal für den Tag und diesen Satz. Wenn sich bei der nächsten Live-Übertragung jemand beschwert, dass das Licht nicht schnell genug steht und Kabel nicht schnell genug verlegt sind, werden wir an die Männer im Quarzit-Werk denken. »Wir sprengen, wenn Sie soweit sind.« Es klingt in diesem Zusammenhang ein wenig billig, aber wir hätten ihn am liebsten in Stein gemeißelt.

# DER TIEFSTE PUNKT

Foto: Tourist Information Lorch

## ALLES AM FLUSS

- Hessens tiefsten Punkt können Wanderer und Spaziergänger wunderbar von oben bestaunen. Besser noch: Die Landschaft drum herum. Denn dieser Ort mit Rekord liegt mitten im UNESCO-Welterbe Oberes Mittelrheintal.

- Burgen, Schlösser, der tiefste Punkt des Landes – alles am Fluss. Und vorbei führt der Rheinsteig, ein 320 Kilometer langer Fernwanderweg, der von Wiesbaden nach Bonn führt. Das Deutsche Wanderinstitut in Marburg hat den Rheinsteig mit dem »Deutschen Wandersiegel Premium« ausgezeichnet.

Zwischen Wald und Weinbergen thront die Clemenskapelle über Hessens tiefstem und westlichstem Ort.

Der tiefste Punkt des Landes ist zugleich der westlichste. Der Gegend um ihn herum wird die Ehre zu Teil, in zahlreichen Volksliedern besungen zu werden. Da heißt es zum Beispiel: »Warum ist es am Rhein so schön? Weil die Felsen hoch droben von Sagen umwoben …«. Die Felsen und Steine rund um den Strom könnten eine Geschichte erzählen – von der Entstehung des Rheins und natürlich Hessens tiefstem Punkt bei Lorchhausen.

Die Geschichte beginnt vor etwa 200 Millionen Jahren. Große Teile des Kontinents sind von einem Meer bedeckt. Nur Teile der heutigen Iberischen Halbinsel, Großbritanniens und Schwedens ragen aus dem Wasser. Im Meeresboden bildet sich ein Riss. Dort wird einmal der Rhein fließen.

Vor etwa 130 Millionen Jahren beginnt ein Rendezvous: Der afrikanische Kontinent bewegt sich auf den europäischen zu. Die Kollision der beiden Platten findet schließlich vor etwa 50 Millionen Jahren statt. Die Alpen falten sich auf. Regen, der nach Norden abfließt, sucht sich seinen Weg zu einem Vorläufer der Donau. Dabei entsteht ein weiterer Fluss, der sogenannte Ur-Alpenrhein.

Der afrikanische Kontinent drängt weiter nordwärts. Immer höher werden die Berge. Auch der heutige Süden Deutschlands wird dabei angehoben. Das Meer zieht sich zurück und fließt durch den Riss ab, der sich einst am Meeresboden gebildet hat. Heute kennen wir ihn als Oberrheintalgraben, der von Basel bis Frankfurt reicht. In diesem Bereich bildet sich ein Fluss. Er entspringt bei Straßburg und mündet bei Mainz ins Meer. Das Rauschen des Ozeans vernahm man an der heutigen Grenze zwischen Hessen und Rheinland-Pfalz vor etwa 40 Millionen Jahren. Auch nördlich davon heben sich nun Landmassen aus dem Wasser. Ein Vorläufer des Rheinischen Schiefergebirges entsteht. Bei Koblenz entspringt ein Fluss, der bei Bonn in die Ur-Nordsee mündet. Vor etwa 25 Millionen Jahren sind drei Flüsse vorhanden, die einmal den Rhein bilden werden. Nur jene Stelle, die heute die tiefste des Landes Hessen ist, liegt noch nicht an einem Fluss. Das wird noch folgen.

Süddeutschland gewinnt weiter an Höhe. Das Gefälle des bei Straßburg entspringenden Flusses nimmt zu. Vor etwa 15 Millionen Jahren – Mainz liegt längst nicht mehr am Meer – sucht sich der Strom einen Weg durch die hügelige Landschaft gen Norden. Taunus und Hunsrück hatten ihre heutige Höhe damals noch nicht erreicht. Erstmals kommt das Gebiet rund um Hessens tiefsten Punkt mit dem Strom in Berührung. Die beiden nördlichen Teile der Vorläufer des Rheines sind nun miteinander verbunden. 500 Kilometer lang ist der Fluss bereits. Ins Meer mündet er noch immer bei Bonn. Fehlt noch das südliche Teilstück.

Vor etwa zwei Millionen Jahren wird es kalt. Gletscher schieben sich von den Alpen vor, reißen Wunden ins Land und hinterlassen große Becken. Der Bodensee entsteht. Der Ur-Alpenrhein fließt nun in den tiefer liegenden Oberrheingraben ab. Die drei Teile des Rheins sind verbunden. Eine Million Jahre ist das jetzt her.

Zu dieser Zeit gerät auch das Rheinische Schiefergebirge in Bewegung. Für Taunus, Westerwald und Sauerland auf der rechten Rheinseite, Hunsrück und Eifel auf der linken Seite des Rheins geht es aufwärts. Das Land hebt sich 0,2 bis 0,4 Millimeter pro Jahr. Was dabei passiert, lässt sich zum Beispiel in Lorchhausen wunderbar besichtigen. »Der tiefste Punkt Hessens ist entstanden, weil sich der Rhein hier vor rund 780.000 Jahren einschneiden musste. Der Fluss hat ein tiefes Durchbruchstal gebildet, um mit der Hebung Schritt halten zu können«, sagt der Geograph Christian Stolz.

Die Natur hat sich selbst ein Denkmal geschliffen, die Menschen haben nachgezogen. Das Obere Mittelrheintal ist heute UNESCO Welterbe. Diesen Titel erhalten nur einzigartige Landschaftsräume. Wie jenes Tal mit seinen 40 Schlössern und Burgen zwischen Bingen und Koblenz und dem Wein, der auf steilen Terrassen wächst. »Warum ist es am Rhein so schön? Weil der Rhein mit seinen Reben wird uns frohe Stimmung

Hier beginnt auch die Rheingauer Riesling Route, die von Lorchhausen bis Flörsheim-Wicker durch die Weinbaugebiete führt.

geben«, heißt es in dem Volkslied.

Bis zu 30 Grad Gefälle haben die für den Weinbau genutzten Flächen. So bekommen die Reben viel Sonne ab. Und die Schieferböden speichern die Wärme besonders gut. Geograph Christian Stolz sagt: »An manchen Südhängen herrschen klimatische Bedingungen wie am Mittelmeer. Viele Tier- und Pflanzenarten haben hier ihre nördliche Verbreitungsgrenze.«

Die ersten Touristen waren junge Adelige aus Großbritannien. Anfangs allerdings meist nur auf der Durchreise nach Italien. Zum Sehnsuchtsort wurde das Tal schließlich zur Zeit der Romantik. Durch den aufkommenden Linienverkehr der Dampfschifffahrt ab 1827 und später die Eisenbahn erlebte das Obere Mittelrheintal eine Blütezeit.

Der Rhein und seine bewegte Geschichte. Seine Quelle hebt sich noch immer ständig ein Stück in Richtung Himmel. Die Kontinente bewegen sich weiter mit einer Geschwindigkeit von etwa fünf Zentimeter im Jahr aufeinander zu, die Alpen wachsen dadurch jährlich um ein bis zwei Zentimeter. Wind und Regen schleifen die Gipfel aber beständig ab, so dass sich die

Höhe der Berge weit weniger verändert. Und auch das Rheinische Schiefergebirge ist weiter auf Wachstumskurs. Noch immer hebt sich das Gebirge um bis zu zwei Millimeter im Jahr. Wie eine Säge frisst sich der Fluss weiter ins aufsteigende Land. Lorchhausen muss keine Angst um seinen Titel haben. »Ich denke, für die nächsten 100.000 Jahre wird es der tiefste Punkt Hessens bleiben. Ich glaube kaum, dass die Fulda und die Weser es schaffen werden, bis dahin noch das Niveau vom Rhein zu erreichen«, sagt Christian Stolz. Die Fulda verlässt Hessen auf einer Höhe von mehr als 100 Metern über dem Meeresspiegel. Der Rhein bei Lorchhausen liegt auf 72 Metern. »Warum ist es am Rhein so schön? Weil das Auge sich feuchtet. Wenn's von Heimatstolz leuchtet. Darum ist es am Rhein so schön.«
Ein Ort, ein Rekord. Im Volkslied hat man's schon immer gewusst.

Wo der Rhein das Land verlässt, liegst Hessens westlichster und tiefster Punkt.

# WEITERE LESENSWERTE TITEL:

Heiner Boehncke, Hans Sarkowicz
**LITERATURLAND HESSEN**
Das Lesebuch
Broschur
Ca. 420 Seiten | Format 14 x 21 cm | € 19,90
ISBN 978-3-7374-0459-4

Das Lesebuch zur Literaturgeschichte Hessens!
Das besondere daran: Die Texte stammen von hessischen Autorinnen und Autoren, sie sind in Hessen entstanden oder handeln von Hessen. Das Spektrum reicht dabei von den Minnesängern (die auch auf dem Gebiet des heutigen Hessen lebten und sangen) bis zu den Schriftstellerinnen und Schriftstellern der Gegenwart. Deutlich wird dabei der literarische Reichtum eines Landes, das schon immer im Schnittpunkt wichtiger Handels- und Reisewege lag, das den Wahl- und Krönungsort deutscher Könige beherbergte und das Menschen aus allen Teilen der Welt anzog.
In zehn Kapiteln widmet sich das Lesebuch bedeutenden hessischen Autoren wie Goethe, den Grimms, Grimmelshausen, Büchner, Lichtenberg ... In den ausgewählten literarischen Originaltexten darf man sich auf einige Überraschungen freuen.

Judith Mehrmann | Claudia Praml
**KULTURKALENDER HESSEN 2016**
Eine Kooperation mit hr2-kultur, dem Kulturradio des Hessischen Rundfunks
Spiralbindung
Ca. 120 Seiten | Format 8,5 x 15,3 cm | € 12,90
ISBN 978-3-7374-0461-7

Der einzige Kalender mit Kulturtipps und Kulturbons für Hessen!
Taschenkalender sind auch im Zeitalter der Smartphones nützliche Begleiter im Alltag: Sie sind handlich, stromunabhängig und bieten Raum für die schnelle Notiz. Der Kulturkalender Hessen enthält eine Vielzahl von Einträgen zu Kulturveranstaltungen in Hessen. Ob Klassik oder Literatur, Jazz oder Oper, Theater oder Museum – die im Kalendarium enthaltenen Informationen geben reichlich Tipps und Anregungen für die kulturelle Freizeitgestaltung zwischen Kassel und Darmstadt, Weilburg und Fulda, Gießen und Wiesbaden, Frankfurt und Erbach. Nicht nur diese Tipps machen den Kalender einzigartig, sondern vor allem die 24 enthaltenen Kulturbons. Sie können im jeweils angegebenen Gültigkeitszeitraum beim jeweiligen Veranstalter eingelöst werden und gewähren Rabatte für Konzerte, Ausstellungen, Theater- und Opernaufführungen.

Leon Specht

**DIE SCHÖNE BLINDE**

LTMs zweiter Fall

Gebunden mit Schutzumschlag

288 Seiten | Format 12,5 x 20 cm | € 16,90

ISBN 978-3-7374-0463-1

Ein packender Main-Taunus-Krimi!
Aufregung im Vordertaunus. In der vielgerühmten Klinik für angewandte Psychosomatik und traumageschädigte Patienten wird eine Patientin mehrfach vergewaltigt! Der neue Fall kommt der jungen Frankfurter Kommissarin LTM gerade recht, langweilt sie sich doch im »kriminellen Sommerloch«. Voller Elan stürzt sie sich in die Ermittlungen und muss feststellen, dass der Fall komplizierter ist, als er auf den ersten Blick scheint: Das Opfer ist verschwunden, und es gibt mehrere Verdächtige. Der Leiter der Klinik, Professor Dr. Dr. Werner Bartels, scheint mehr um den Ruf seines Instituts besorgt als um die Aufklärung des Falls – eine Masse an Problemen, die sich LTM im malerischen Vordertaunus in den Weg stellen. Doch LTM wäre nicht LTM, wenn sie sich nicht mit Gewitztheit und vollem Einsatz den Schwierigkeiten des Falls stellen würde!

Petra Henschel

**VOLLZÜGLICH**

Vom Essen und Trinken hinter Gittern

Gebunden mit Schutzumschlag, mit farbigen Illustrationen von Chiarina Fazio

96 Seiten | Format 17 x 24 cm | € 16,90

ISBN 978-3-7374-0464-8

Vom Kochen, Essen und Trinken im Frauengefängnis

Als Leiterin des Pädagogischen Dienstes im Frauengefängnis Frankfurt-Preungesheim begleitete Petra Henschel von 1975 bis 2008 unzählige straffällig gewordene Frauen durch ihre Inhaftierung. Angeregt durch ihre Zuständigkeit auch für die Ausbildung der Gefangenen – hier vor allem für die Lehrküche – kam ihr die Idee, über einen Bereich zu berichten, der für gewöhnlich nicht in der Aufmerksamkeit der Menschen außerhalb der Gefängnismauern steht: »Essen und Trinken«, der aber ungeheuer wichtig für diejenigen ist, die zum Teil viele Jahre in Haft verbringen müssen. In Vollzüglich schreibt sie über das Kochen und die Küchen, über Essgewohnheiten und »lukullische« Vorlieben der Frauen, die Kunst des Würzens ohne Gewürze, den Mangel an bestimmten Lebensmitteln, den Einkauf und die Praxis des Tauschens. Ihre Erfahrungen ergänzt sie durch ausgewählte Rezepte der Inhaftierten und Anekdoten rund ums Essen. Der Leser erhält so Einblick in eine ihm völlig fremde Welt, die ihren ganz eigenen Genuss-Alltag hat. Mit Rezepten von Gefangenen verschiedener Nationalitäten.

Michael Geisler

**LEBEN UND TOD DER ANNA KATHARINA DUSS**

Die Geschichte einer Dienstmagd aus Soden

Broschur

ca. 152 Seiten | Format 13 x 21,5 cm | € 12,90

ISBN 978-3-7374-0462-4

Ein uralter Kriminalfall neu aufgerollt!
Ein grausiger Kriminalfall erschüttert im Jahre 1753/54 den kleinen Ort Soden (heute: Bad Soden) bei Frankfurt am Main: Anna Katharina Duß, Magd aus Soden, wird zum Tode verurteilt und hingerichtet: Sie soll mindestens eines ihrer beiden unehelichen Kinder umgebracht haben. Die Angeklagte blickt zurück auf ein hartes Leben in den unteren Kreisen der damaligen Gesellschaft: Das Geld, das sie als Magd im Raum Frankfurt verdient, reicht nur für das Nötigste – zwei ungewollte Schwangerschaften innerhalb weniger Jahre bedeuten unter diesen Umständen eine Katastrophe. Im Frankfurter Institut für Stadtgeschichte lagern noch heute die detaillierten Protokolle zum Fall Katharina Duß; das Verhör, die Folter und die Hinrichtung minutiös festgehalten. Michael Geisler, Vorstandsmitglied des Altenhainer Geschichtsvereins, hat sich der Protokolle angenommen und den Fall genauestens untersucht. Im vorliegenden Leben und Tod der Anna Katharina Duß bereitet er die Geschehnisse neu auf und kommt zu einem überraschenden Ergebnis: Katharina könnte unschuldig gewesen sein!